اونيكلا ةطلس سيساحأ

ةينغلاو ةيحصلا اونيكلا ةطلس قابطأ 0 10

هحاناب دماح

كل الحقوق محفوظة.

تنصل

المعلومات الواردة في هذا الكتاب الإلكتروني على أن تكون بمثابة مجموعة شاملة من الاستراتيجيات التي يجري المؤلف تداولها بشأنها. ورغم ذلك، فإن المؤلف لا يقدم أي ضمانات فيما يتعلق بدقة أو اكتمال محتويات هذا الكتاب الإلكتروني، ويخلي مسؤوليته عن أي أخطاء أو سهو أو غير مقصود. علاوة على ذلك، تتم دورية المؤلف في هذا الكتاب الإلكتروني لأغراض تعليمية وترفيهية فقط. لذلك، إذا كنت ترغب في تطبيق الأفكار الواردة في هذا الكتاب الإلكتروني، فأنت تتحمل المسؤولية الكاملة عن أفعالك.

لا يقدم المؤلف أي ضمانات أو كفالات، صريحة كانت أم ضمنية، بشأن قابلية الكتاب للتسويق أو ملاءمته لأي غرض معين. لا يتحمل المؤلف مسؤولية أي خسائر مباشرة أو غير مباشرة، بما في ذلك على سبيل المثال لا الحصر، الخسائر الناجمة عن استخدام المعلومات الواردة في هذا الكتاب الإلكتروني، بما في ذلك على سبيل المثال لا الحصر، الأخطاء أو السهو أو عدم الدقة.

2

تايوتحملا لودج

Sommario

مقدمة

ماء يقتلني في الأكلا لهيف الحصي مع الإبداع الطلهوي، بزرزت سلطات الكينوا وأطباك للتغذية والنكهة. الطلبخ ابتاك هذا و هو دوباتك إلا ماء من الأطباق النابضة بالحياة والمليئة بالعناصر الغذائية التي تفتني عبتنوع وجودتها.

ضمن. مضن سلطات الكينوا هي أكثر من مجرد وجبة؛ مهنا لافتحا لألابن والمملس والنكهات الجرينة. سلطات الكينوا التي تبلى جميع صفات الكينوا من متنوعة من مجموعة عبر حلقة أدبت في اصفحاتها، هذه هذه ماء في جديدة تنك أو مرسين المتملء اشقاق السلطة كنت من كنه عاء سواء الأغذائية. الأذواق والاحتياجات أن من لضمان مبتكرة تناعوت تناكونات تايصوتي حضارة تعليمات رفوت انتافصو فإن الكينوا، بالذوق ملينة لبس، بسحف مغذية سليت كتاطتاس.

أنيلا مضنا نحنو دستكشف فن فن المجمع بين الكينوا خلاضروات والاجزاطة والاعشاب والبروتينات سواء عاء تنكت تبحث عن ثحتها من وجبة عدة سريعة والصلصات الإنشاء سلطات مرضية ومهذلة بصريا. وخفيفة أو عشاء حصي ولذيذ، فإن سلطات الكينوا هي الحلل.

الخلاصة: أمنيين تتخذ منتلحر انتلاح ربع سياس أساحي سلطة الكينوا، بتاك بخبط حصي بضن بالحياقة، لمأل أن تكون قد اكتشفت متعة إنشاء عشاء وتنوق السلطات بقدرة ما هي مغذيه. تعتبر سلطات الكينوا مباشبة شهادة على تنانغم النكهات، وقوة المكونات الطازجة، وجودة الخيارات الصحية.

أنمنى أن تكون ميلئك مطبخك دائما ملينة بالبابن والاون النابضة بالحياة للتنتاجات الطازجة وأزمة الكينوا شكرا لك على اكل انا نلها حماس على كل شكرا. الطبوخة كشب مثلي. كل مضمة انتنتها بمثابة تذكير بأن كلاكل لأافتحا نوكيد أن نكمي يحصلي بالحياة لذيذا والفريهية.

اونيكلا ةطلس

1. أطباق الخضار والكينوا

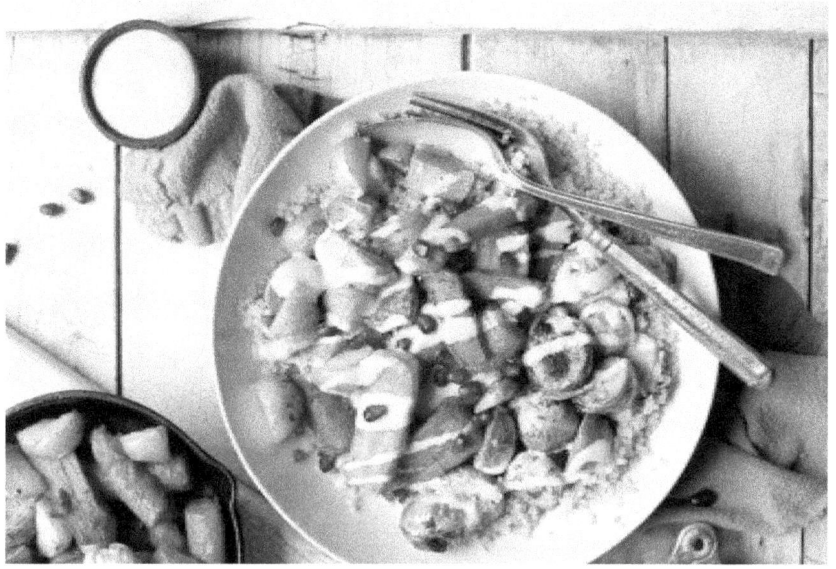

الخضار:

- 4 دبات جزر كاملة متوسطة الحجم.
- 1 1/2 كوب بطاطس صفراء مقطعة إلى أرباع.
- 2 ملعقة كبيرة شراب القيقب.
- 2 ملعقة كبيرة زيت زيتون.
- 1 رشة صحيحة من كل من ملح البحر + فلفل أسود.
- 1 ملعقة كبيرة إكليل الجبل الطازج المقطع.
- 2 كوب ملفوف بروكسل مقطع إلى نصفين.

الكينوا:

- 1 كوب كينوا بيضاء مغسولة جيداً ومصفاة.
- 1 3/4 كوب ماء.
- 1 رشة من ملح البحر.

صلصة:

- 1/2 كوب طحينة.
- 1 ليمونة متوسطة الحجم، معصورة (تنتج 3 - ملاعق كبيرة أو 45 مل).
- 3-2 ملاعق كبيرة شراب القيقب.

للتقديم اختياري:

- الأعشاب الطازجة (البقدونس والزعتر وغيرها).

10

- حدبات الرمان.

الاتجاهات

a) سخني الفرن إلى 400 درجة فهرنهايت (204 درجة مئوية) وبطني صينية الخبز بورق

b) ضعي الجزر والبطاطس على صينية شرش عليها نصف كمية شراب القيقب ونصف الزيتون والملح والفلفل واكليل الجبل. ثم امزجيها للتماسك. ثم اخبزيها لمدة 12 دقيقة.

c) في هذه الأثناء، سخني مقلاة على نار متوسطة إلى عالية. عندما تسخن، أضيفي الكينوا المشطبية لتقليبها قبلاً لليلة إضافة إخبتري البلبل لتنبتم في إبراز طعم الجوز.

d) الاستعداد لمدة 2-3 دقائق، واتركي في قراءة من كثير من الأحيان. أضف عاما الليل وقليل من الملح. وأخيرا، تحضير الملابس.

e) للتقديم، قومي بتقسيم الكينوا والخضار بين أوعية التقديم ثم قدميها مع رذاذ كبير من صلصة الطحينة. قدم مع خيارات التزيين مثل بذر الرمان أو الأعشاب بالطزاجة.

2. سلطة الكينوا والتفاح والزبيب

11

مكوّنات:

- 1 كوب كينوا
- 1/4 كوب من اللوز المقطع
- 2 ملعقة كبيرة خل التفاح
- 2 ملعقة كبيرة عسل
- 1 ملعقة كبيرة زيت زيتون
- 1/4 ملعقة صغيرة ملح
- 1/4 ملعقة صغيرة فلفل أسود
- 2 كوب ملفوف، مفروم ناعماً
- 1 حافة جراني سميث، مقطعة إلى مكعبات
- 1/3 كوب زبيب
- 2 ملعقة كبيرة بقدونس، مفروم فرماً ناعماً

الاتجاهات:

a) اتبع توجيهات العبوة لطهي الكينوا. السماح لتبرد إلى درجة حرارة الغرفة قبل التقديم.

b) في هذه الأثناء، حمِّص اللوز في مقلاة صغيرة جافة على نار متوسطة لمدة 3 دقائق، أو حتى تفوح رائحته. السماح لتبرد قبل التقديم.

13

c) يُمزج خط التفاح والعسل وزيت الزيتون والملح والفلفل في دوحض خلط كبير. أضيفي بنركلا الفمروم ديديك لمدة 3-5 دقائق، أو حتى ينضج الكرنب.

d) يُضاف الكينوا المبردة والتفاح والزبيب والبقدونس إلى خليط خل التفاح والفللت لدمجهما.
مدخي

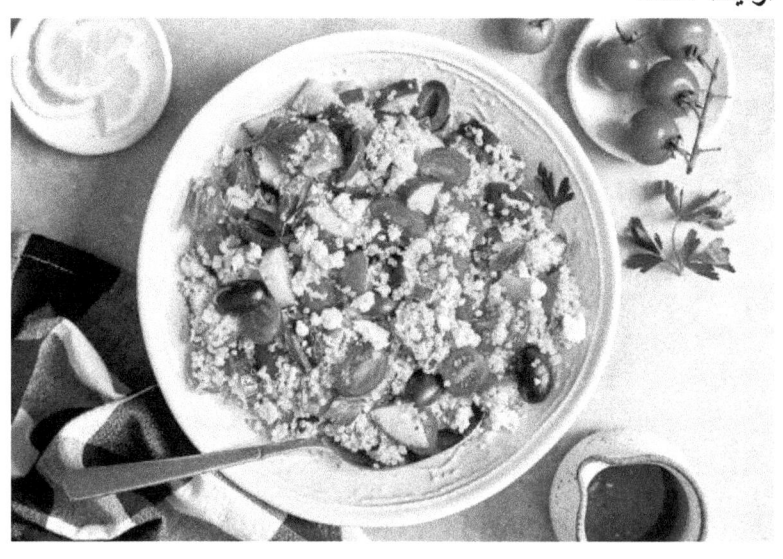

3. سلطة الكينوا بالجبنة

العائد: 4 حصص

مكونات:

- 1 كوب كينوا
- 1 ملعقة كبيرة زيت زيتون
- 2 فص ثوم، مفروم
- عصير 1/2 ليمونة
- 1/8 ملعقة صغيرة ملح
- 1/8 ملعقة صغيرة فلفل أسود
- 1 كوب طماطم كرزية، مقطعة أرباع
- 1 حبة فلفل أصفر صغيرة مقطعة مكعبات
- 1 خيارة صغيرة مقطعة مكعبات
- 1/2 كوب حبنة فيتا قليلة الدسم، اختياري
- 1 ملعقة كبيرة شبت طازج مفروم

الاتجاهات:

a) اتبع توجيهات العبوة لطهي الكينوا. اسمح للكينوا أن تبرد إلى درجة حرارة الغرفة قبل التقديم.

b) يُمزَج زيت الزيتون والليمون وعصير الثوم والملح والفلفل في وعاء خلط كبير.

c) في طبق الخلط، اخلطي الكينوا المبردة مع الطماطم والكرزية والفلفل والخل وبنجر الخيار مع الفيتا والشبت مع الصلصة.

16

4. سلطة الفول و إفطار الكينوا

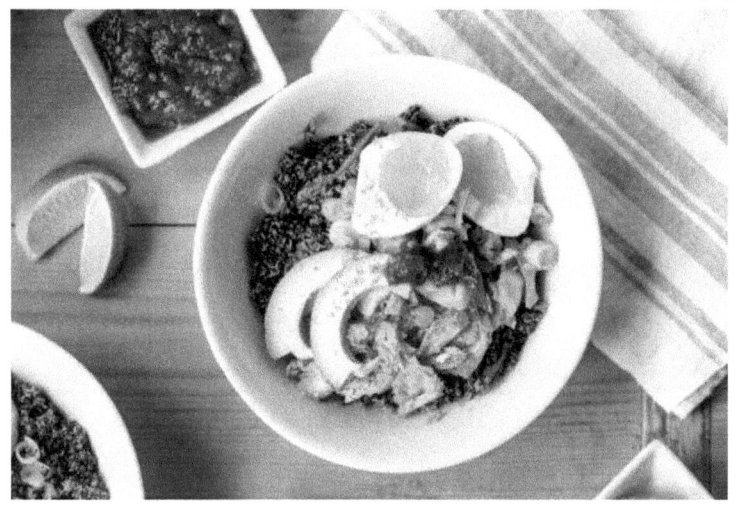

مكوّنات:

- 2 بيضة كبيرة محجم، مسلوقة ومقشرة ومقطعة إلى شرائح
- 1 رأس من خس ليتيم جيم، مفصول الأوراق
- $\frac{1}{2}$ خيارة فارسية، مقطعة إلى شرائح
- 4 شرائح رقيقة جداً من البصل الأحمر
- أوقية من مسك المدخنون السلمون ، مقشر بكشك خدشن
- $\frac{1}{2}$ كوب من الكينوا المطبوخة أو الحبوب الأخرى
- 2 ملاعق كبيرة من زيت جوز الهند
- 1 ملعقة كبيرة من الكابر المصفاة
- $\frac{1}{4}$ ملعقة صغيرة من قشر الليمون المبشور ناعماً
- 1 ملعقة كبيرة بالإضافة إلى ملعقتين صغيرتين من عصير الليمون الطازج
- الشبت المفروم
- 1 حبة أفوكادو، مقطعة

الاتجاهات

(a) يُمزج الخس الخيار والبصل والسلمون المدخن والكينوا وزيت الكابر ونبات وبربر شرب
في وعاء كبير. يُتبل بالملح والفلفل.

(b) ضعي فوقها شرائح البيض أواوالأفوكادو والشبت.

5. سلطة الاسكواش والميكروجرين والكينوا

خديم 2

مكونات:

صلصة الثوم والسمسم النباتية؛

- 1 ملعقة كبيرة معجون طحينة
- 2 ملعقة كبيرة زيت زيتون
- 2 فصوص ثوم
- 2 ملعقة كبيرة أوريجانو
- 2 ملعقة كبيرة كزبرة
- $\frac{1}{2}$ هالابينو (اختياري)
- 3 ملاعق كبيرة من مرق نخل التفاح
- الملح والفلفل حسب الذوق

سلطة الاسكواش المحمصة؛

- 1 حبة قرع (مقطعة إلى قطع صغيرة قريبة الحجم)
- 1 ملعقة كبيرة زيت زيتون
- 1 ملعقة كبيرة رقائق الفلفل الحار الأحمر
- ملح
- نصف كوب ميكروجرين
- ربع كوب كينوا، مطبوخة
- ملح

20

a) سخني الفرن إلى 425 درجة فهرنهايت.

b) يُرُشّ زيت الزيتون فوق القرع ويُخلط جيدًا، ثم يُرتب القرع في طبقة واحدة على صينية الخبز، ويُتبل بالملح والفلفل الحار.

c) يُشوى الاسكواش لمدة 25 دقيقة.

d) تُحضّر الصلصة، تُخلط جميع المكونات في محضرة الطعام وتُضرب حتى تصبح ناعمة.

e) انقل القرع إلى وعاء السلطة عندما يصبح طريًا. أضيفي نصف كمية الصلصة مع الكينوا قبل التقديم مباشرة، أضيفي الخضراوات وشرائح الصلصة المتبقية فوقها.

21

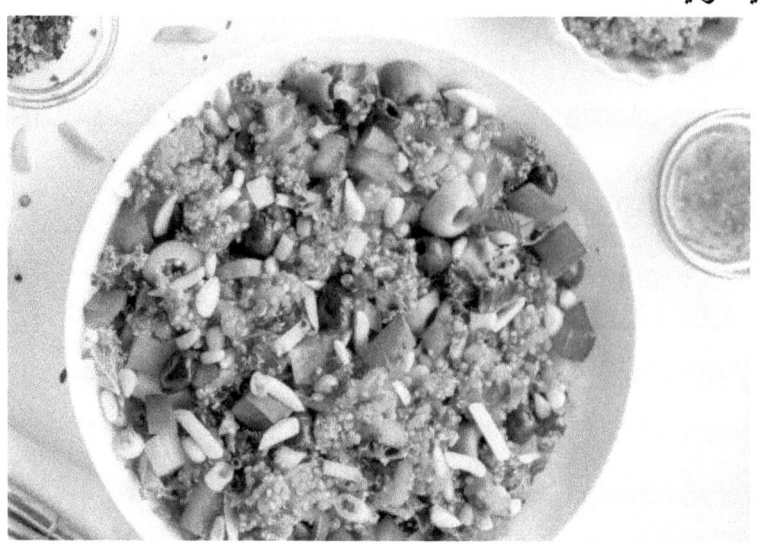

مكونات:

للسلطة:

- 1 كوب كينوا مطبوخة
- 1 كوب طماطم إلإرثث مقطعة إلى انصاف
- 1/2 كوب زيتون كالاماتا منزوع منه النواة
- 2 1/2 ملعقة كبيرة صل بخذأ ضر مقطعة إلى شرائح جح رفيعة
- 1 أونصة من الفاصوليا اليودا السلاء المطبوخة
- 1/2 حبة أفوكادو ومقطعة إلى مربعات صغيرة
- 2 كوب خضراوات صغيرة

للخلع املابس:

- 2 فص ثوم كبير
- 1/4 كوب من خل النبيذ الأحمر
- ربع كوب من أو أوراق الريحان الطازجة
- 1 ملعقة صغيرة كوش ريش
- 1 ملعقة صغيرة فلفل أسود
- 1/2 كوب زيت زيتون

الاتجاهات

a) في. في مقطرة الطعام، اخلطي خل النبيذ الأحمر والثوم والريحان والملح والفلفل.

b) بلحث. ببطء تحت يستحلب زيت إضافة مع تعالية عرعة ضض بذنب

23

c)   تلقّب مكوناتك السلطة مع معلمتقين كيربيتن من الصلصة. إذا رغبت في ذلك، أضف المزيد من الملابس.

d)   يقدم على الفور أو يُحفظ في الثلاجة لحين الاستخدام.

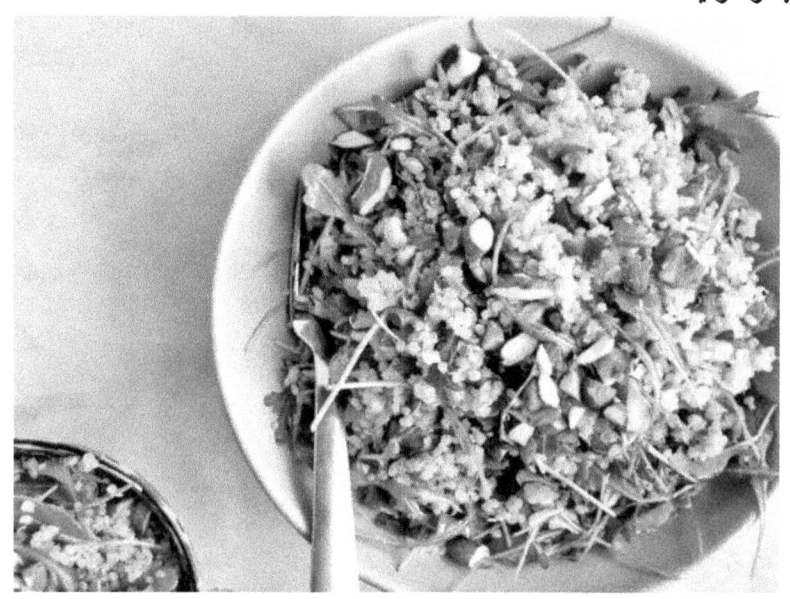

مكونات:

- 1 كوب كينوا
- 3 ملاعق كبيرة عصير ليمون
- 3 ملاعق زيت زيتون
- 1/4 ملعقة صغيرة فلفل
- 1/8 ملعقة صغيرة ملح
- 2 كوب بطيخ، مقطع إلى مكعبات صغيرة
- 2 كوب جرجير صغير
- 1 كوب طماطم كرزية، مقطعة إلى نصفين
- 1/4 كوب بذور عباد الشمس طازج، مفروم خشناً
- 2 ملعقة كبيرة جوز، مفروم خشناً

الاتجاهات:

a) اتبع توجيهات العبوة لطهي الكينوا. اسمح للكينوا المطبوخ بالتبريد لدرجة حرارة الغرفة قبل التقديم.

b) في طبق صغير، اخلط عصير الليمون وزيت الزيتون والفلفل والملح معاً وتركيه جانباً.

c) يُمزج الكينوا المبردة والبطيخ والجرجير والطماطم الكرزية والنعناع والجوز والصلصة في طبق خلط كبير.

d) امزج كل شيء معاً، وخدم، واستمتع!

26

8. سلطة الكينوا فوسيلي والطماطم

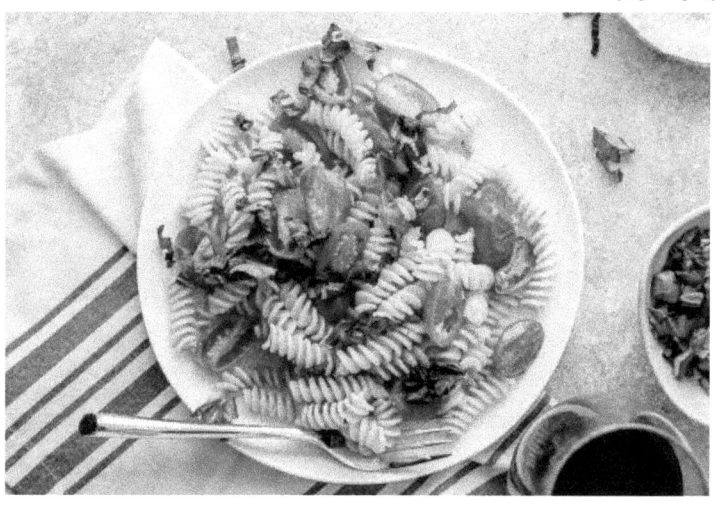

مكونات:

- 12 أوقية. معكرونة الكانيلوني فوسيلي، مطبوخة
- ربع كوب زيت جوز الهند
- 4 فصوص ثوم
- 1/4 ملعقة صغيرة من رقائق الفلفل الأحمر المطحون
- 2 حبات طماطم عنبية، مقطعة إلى نصفين
- 15 أونصة. ج - فاصوليا أنيليني مصفاة ومغسولة
- 1/2 كوب بازلاء خضراء عضوية، مطبوخة
- 1/2 كوب من الريحان الطازج المقطع إلى قطع شرائح رفيعة
- 1/2 ملعقة صغيرة ملح البحر
- ربع ملعقة صغيرة من الفلفل الأسود المطحون الطازج

الاتجاهات :

(a) سخني الزيت في مقلاة كبيرة غير مخصصة على نار متوسطة إلى عالية. أضيفي رقائق الثوم والفلفل وطهيها مع التحريك المستمر لمدة 30 ثانية أو حتى تفوح رائحتها.

(b) أضيفي الطماطم واتركيها على نار خفيفة لمدة تتراوح بين 6 و7 دقائق مع التحريك بانتظام حتى تنضج.

28

c) أضف الفاصوليا والبازلاء.

d) تُضاف المعكرونة وتُطهى لمدة دقيقة واحدة مع التحريك من حين لآخر.

e) يُضاف الريحان والملح والفلفل ويقدّم.

9. ةيويسلآا اونيكلا ةطلس

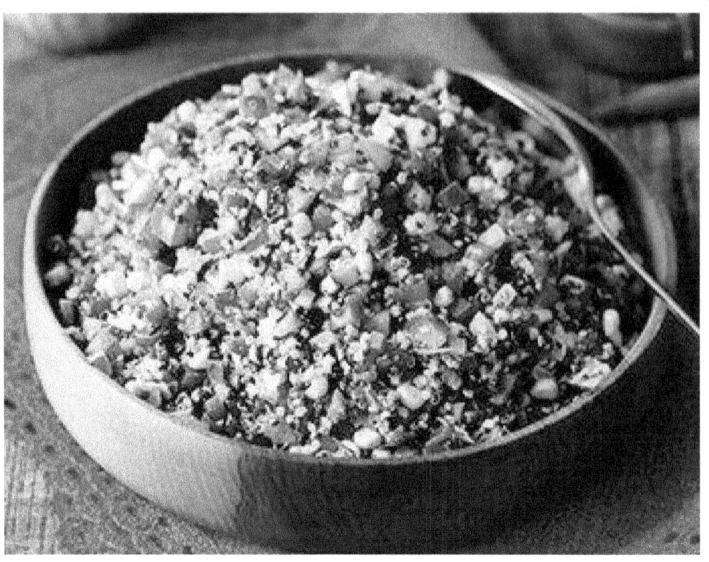

يخدم 2

مكونات:

- 1/2 كوب كينوا حمراء مغسولة
- 1/2 كوب كينوا ثلاثية الألوان أو أي نوع آخر، مغسولة
- 2 كوب ماء
- 1 حبة فلفل أحمر صغيرة الحجم، مفرومة
- 1 حبة فلفل أخضر صغيرة، مفرومة
- من الجوز البرازيلي المحمص ببطء
- 1/2 كوب بصل أخضر مفروم
- 1 ملعقة كبيرة تماري قليل الصوديوم خالي من القمح
- 1 ملعقة كبيرة خل الأرز
- 2 ملعقة كبيرة زبدة طازجة مفرومة
- 1 ملعقة صغيرة زيت جوز الهند
- 1/4 ملعقة صغيرة ملح بحري

الاتجاهات :

a) في قدر صغير، اخلطي الكينوا مع الماء واطهيهما وفقاً للتعليمات الموجودة على العبوة.

b) اتركها لتبرد لمدة 5 دقائق قبل نقلها إلى وعاء.

c) تُقلّب الكينوا مع الفلفل الحلو، والمكسرات، والبصل الأخضر، والتمري، والخلل، والكزبرة، وتُقلّب بالشوكة. وزيت جوز الهند ، والملح، وتُقلّب بالشوكة.

سلطة بيري كينوا.10

مكونات:

صلصة عسل الحمضيات:

- ملعقة صغيرة برشة برتقال
- 4 ملاعق كبيرة عصير برتقال طازج
- 2 ملعقة كبيرة عصير ليمون طازج
- 1 ملعقة كبيرة عصير ليمون طازج
- 1 ملعقة كبيرة عسل
- 1 ملعقة صغيرة من النعناع الملفوف طازجاً
- 1 ملعقة صغيرة من الريحان الملفوف طازجاً

سلطة:

- 2 كوب كينوا حمراء مطبوخة
- 1 1/2 كوب فراولة مقطعة إلى نصفين
- 1 كوب توت بري
- 1 كوب توت أسود
- 1 كوب توت أزرق
- 1 كوب من اللوز المحمص مع العسل والقرفة
- 1 ملعقة كبيرة نعناع مفروم طازجاً
- 1 ملعقة كبيرة ريحان مفروم طازجاً

34

a) **لتحضير الصلصة:** في وعاء صغير، اخفقي بشر البرتقال، عصير البرتقال، عصير الليمون، عصير الليمون، العسل، والنعناع، والريحان. اجلسي جانباً.

b) في وعاء كبير، اخلطي الكينوا المطبوخة مع الفراولة، التوت، التوت الأسود، والتوت البري، اللوز، والنعناع، والريحان.

c) اسكبي فوق الصلصة، ثم قلّبي بلطف مرة أخرى. خدمي.

11.اذوب صمحلاو اونيكلا ءاعو

يجعل 2

مكونات:

سلطة:

- 1 كوب حمص جاف، مطبوخ
- 1 كوب كينوا بيضاء ، مطبوخة
- 1 حزمة كبيرة من الكرنب المجعد

صلصة الطحينة :

- 1/2 كوب طحينة
- 1/4 ملعقة صغيرة ملح بحري
- 1/4 ملعقة صغيرة من مسحوق الثوم
- 1/4 كوب ماء
- عصير ليمون طازج

الاتجاهات:

a) **لتحضير الصلصة:** تُمزج الطحينة، وملح البحر، وعصير الليمون، ومسحوق الثوم في خلاط صغير وتُخفق حتى تمتزج. ثم يضاف الماء قليلا في كل مرة حتى تتشكل صلصة قابلة للسكب.

b) أضف 1/2 بوصة من الماء إلى مقلاة متوسطة وأضف الكرنب. جلب لينضج على نار متوسطة الحرارة.

c) ارفعي الكرنب عن النار على الفور ثم انقليه إلى طبق صغير.

d) **لتجميع السلطة:** يُمزج الحمص المطبوخ والكينوا والفلفل في وعاء. إمرج في خلع الملابس.

12.كينوا مشوية مع الخضار

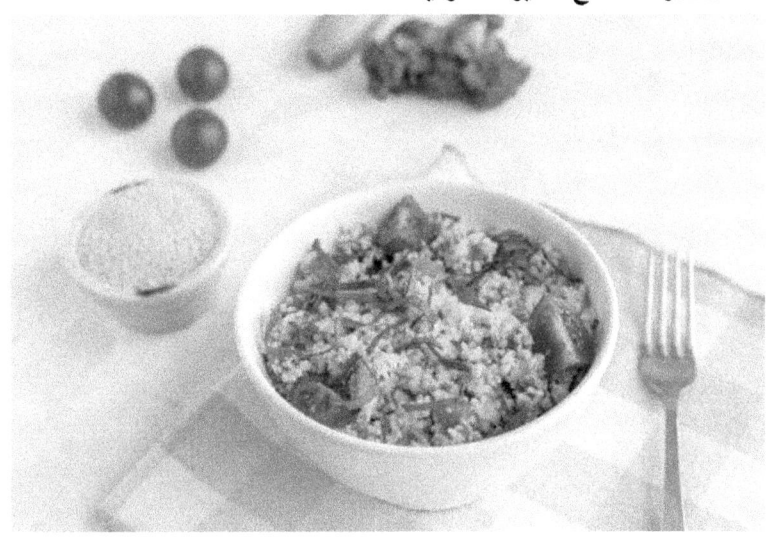

مكونات:

- نصف كوب كينوا
- 1 كوب ماء
- 2 ملعقة كبيرة زيت
- 1/4 ملعقة كبيرة بذور خردل
- 1/4 ملعقة كبيرة بذور كمون
- 1 رشة حلتيت
- 5-6 أوراق كاري
- ½ ملعقة كبيرة زنجبيل مبشور
- ½ ملعقة كبيرة مسحوق الكزبرة
- ½ ملعقة كبيرة مسحوق الكمون
- ملح للتذوق
- 1-2 طماطم - يمكن طهيها أو تناولها نيئة على الجانب
- 1 كوب من البطاطس والملفوف والقرنبيط والجزر وغيرها.
- شرائح جوز الهند الطازجة
- أوراق الكزبرة الطازجة

الاتجاهات

a) قم بتجفيف الكينوا في مقلاة لمدة 10 إلى 15 دقيقة. أخرجه من المقلاة.

b) سخني الزيت وأضيفي بذور الخردل. عندما تنفجر أضف الكمون، الحلتيت، أوراق الكاري، الزنجبيل، مسحوق الكزبرة ومسحوق الكمون. أضف الخضار ونصف طهيها.

c) أضيفي الكينوا المحمصة والملح والماء. يُغلى المزيج ويُغطى ويترك على نار خفيفة لمدة 10 دقائق.

d) اكشف الغطاء وطهيه لمدة 2 إلى 3 دقائق.

e) يُزيّن بجوز الهند الطازج حسب الرغبة وأوراق الكزبرة.

13.وعاء الجواكامولي والفاصوليا السوداء

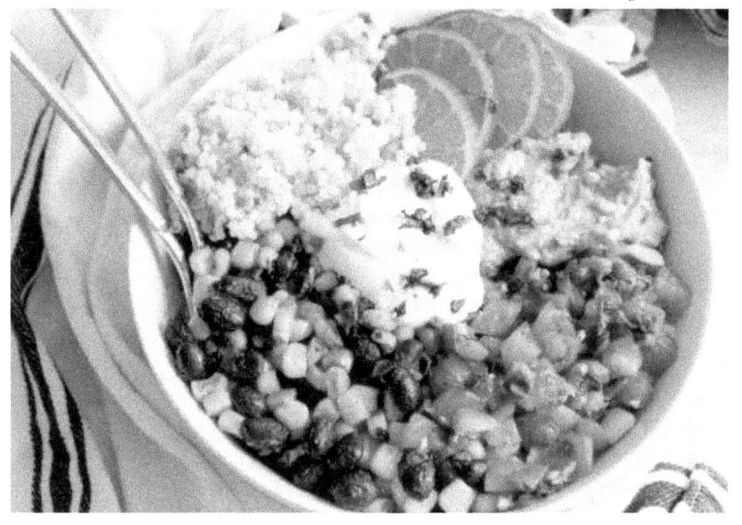

مكونات:

الجواكامولي:

- 1 حبة أفوكادو، مقشرة ومنزوعة البذور
- 1 ملعقة كبيرة عصير ليمون
- 1/2 ملعقة صغيرة ملح البحر
- ربع ملعقة صغيرة من الفلفل الأسود المطحون الطازج
- 3 ملاعق كبيرة من الكزبرة الطازجة المفرومة

سلطة:

- 1 كوب كينوا عضوية مجمدة مطبوخة مسبقاً
- 2 كوب فاصوليا سوداء عضوية مطبوخة
- 3 ملاعق كبيرة من البصل الأحمر العضوي المفروم ناعماً
- 2 فص ثوم، مفروم
- 1/2 ملعقة صغيرة كمون
- 2 كوب خضار مشكلة عضوية أو سبانخ صغيرة
- 1 كوب من الطماطم الكرزية العضوية، مقطعة إلى نصفين
- 1 حبة فليفلة حمراء عضوية صغيرة الحجم، مقطعة إلى شرائح

● 1 خيار قرة صغيرة، مقشرة ومقطعة إلى شرائح جر رفيعة

تقلبم :

● 1 حبة واحدة نبيلها صد مقطعة إلى شرائح رفيعة

الاتجاهات :

a) اجلها في ساعة سرها ها الأفوكادو والشوكاكة في وعاء متوسط الحجم، ثم أضيفي عصير الليمون، ومو، وملح
ابنبا. تركت زبركزلق. والأسود، والفلفل لحرب، البحر.

b) في وعاء كبير، أضيفي الفافايا اليولوسا وادواء الكموم والثوم نون حتى تيكرهيه غيلي حتى حد ينضج.

c) يمسك الخضر والطماطم قطع الفلفل الحل والبلبصل الأحمر المفرفم جديدا ديين
وضعي، ثم مضع الكينوا والفافايا والجلوماكاوي فوق قل كل وعاء.

d) يقدم على الأعلى. مع الهالنيني والمفرفم روم في الأعلى.

43

صمد:

- 1 كوب صمد جاهز.
- 1/2 ملعقة صغيرة ملح البحر.

اونيكلا:

- 1 ملعقة كبيرة زيت زيتون، أو زيت توتين، أو زيت بذور العنب، أو زيت الأفوكادو (أو زوج الهند).
- 1 كوب بيكونيا اضاء (لتسوغم قطة جيدأ).
- 1 3/4 كوب ماء.
- 1 رش ملح البحية من صحة ملح البحر.

بنرك:

- 1 حزمة كبيرة قطة من الكرنب المجعد بندعد.

صلصة الطحينة:

- 1/2 كوب طحينة.
- 1/4 ملعقة صغيرة ملح جبح بريري.
- 1/4 ملعقة صغيرة من مسحوق الثوم.
- 1/4 كوب ماء.

التقديم:

- جزائط نومي ليصير عدص

الاتجاهات

45

a) إما أن تنقع الحمص طوال الليل في ماء بارد أو تستخدم طريقة النقع السريع: أضف الحمص المشطف إلى وعاء كبير وقم بتغطيته بماء بقطر 2 بوصة. يُصفى ويُشطف ويُعاد إلى الوعاء.

b) لطهي الحمص المنقوع، أضيفيه إلى قدر كبير وغطيه بـ 2 بوصة من الماء. اتركيه يغلي على نار عالية، ثم خففي النار واتركيه على نار هادئة، وأضيفي الملح وحركيه، واتركيه على نار هادئة لمدة 40 دقيقة - ساعة و20 دقيقة.

c) قم بتجربة حبة الفول عند علامة 40 دقيقة لترى مدى طراوتها. أنت تبحث عن حبة فول طرية مع القليل من القضمة، وستبدأ القشرة بالتكشف عن علامات التقشير. بمجرد تحضيرها، صفي الفاصوليا واتركيها جانباً ورشيها بقليل من الملح.

d) تحضير الصلصة عن طريق إضافة الطحينة وملح البحر ومسحوق الثوم إلى وعاء خلط صغير والخفق حتى يمتزجوا. ثم يضاف الماء قليلا في كل مرة حتى تشكل صلصة قابلة للسكب.

e) أضف 1/2 بوصة من الماء إلى مقلاة متوسطة واتركها على نار خفيفة على نار متوسطة. ارفعي الكرنب عن النار على الفور ثم انقليه إلى طبق صغير للتقديم.

15.ةيدنلاياتلا اونيكلا ةطلس

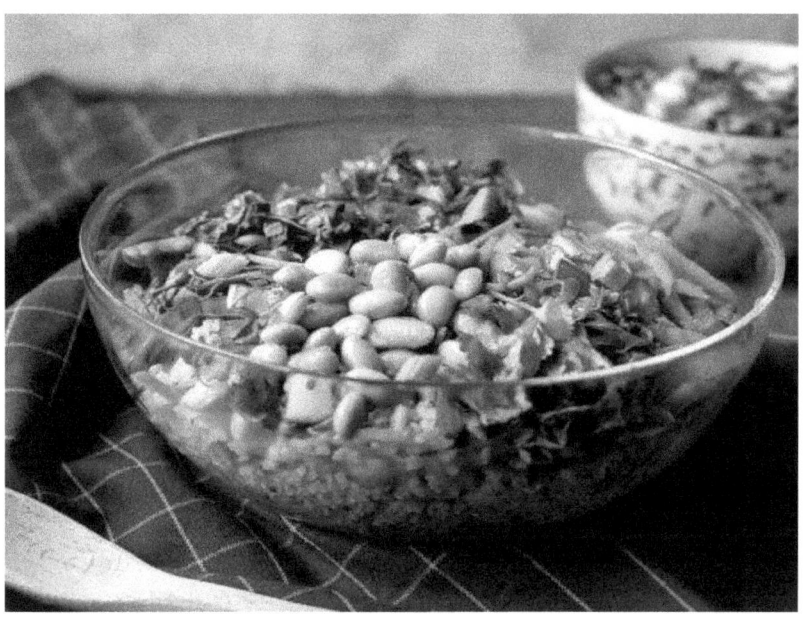

للسلطة:

- 1/2 كوب كينوا مطبوخة
- 3 ملاعق كبيرة من الجزر المبشور.
- 2 ملعقة كبيرة فلفل أحمر، مقطع بعناية.
- 3 ملاعق كبيرة من الخيار، مقطع إلى شرائح رفيعة.
- إذا كانت مجمدة، 1/2 كوب ادامامي مذاب.
- 2 بصل أخضر، مفروم ناعماً.
- 1/4 كوب ملفوف أحمر، مقطع إلى شرائح رفيعة.
- 1 ملعقة كبيرة كزبرة، مفرومة بعناية.
- 2 ملعقة كبيرة فستق محمص، مفروم (اختياري).
- تذوق الملح.

صلصة الفول السوداني التايلاندية:

- 1 ملعقة كبيرة زبدة فول سوداني طبيعية كريمية.
- 2 ملعقة صغيرة صويا صوص قليلة الملح.
- 1 ملعقة صغيرة خل الأرز.
- 1/2 ملعقة صغيرة زيت سمسم.
- 1 - 1/2 ملعقة صغيرة صلصة سريراتشا (اختياري).
- 1 فص ثوم، مفروم بعناية.

- 1/2 ملعقة صغيرة زنجبيل مبشور.
- 1 ملعقة صغيرة عصير ليمون.
- نصف ملعقة صغيرة من رحيق الصبار (أو العسل).

الاتجاهات:

a) تحضير سلطة الفول السوداني التايلاندية:

b) قم بجمع جميع المكونات اللازمة لوضع وعاء صغير وامزجها حتى تمتزج جيداً.

c) تحضير السلطة:

d) اجمعي الكينوا مع الخضار في وعاء الخلط. قم بتضمين الصلصة وامزجها جيداً حتى تتكامل.

e) رشي الفول السوداني المحمص على الوجه وقدميه!

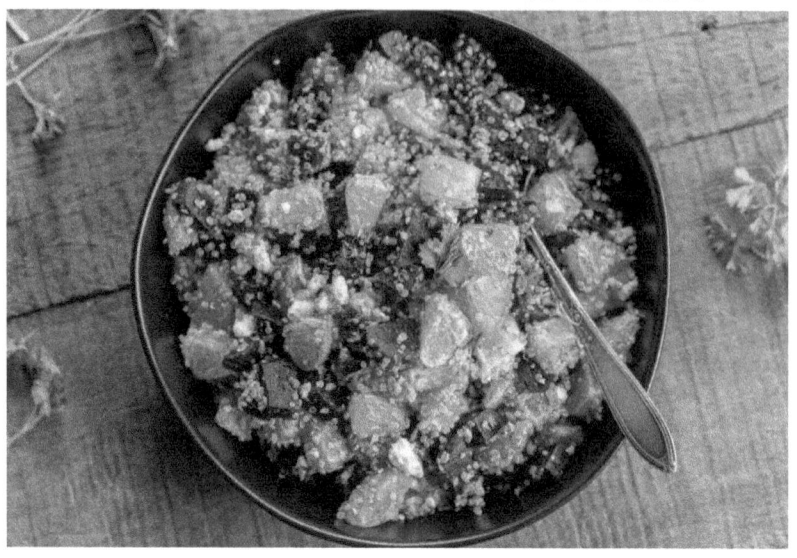

مكونات:

- 6 ملاعق كبيرة زيت زيتون بكر متاز
- 2 ملعقة كبيرة عصير ليمون طازج
- 2 حبات قرنفل صغيرة ثوم؛ مفروم
- $\frac{1}{2}$ ملعقة صغيرة ملح خشن
- $\frac{1}{2}$ ملعقة صغيرة كمون مطحون
- $\frac{1}{4}$ ملعقة صغيرة رقائق فلفل أحمر
- 4 حبات شمندر صغيرة مع الخضراء مرفقة
- 1 كوب كينوا مطبوخة بالعزفران
- 2 كوب مرق خضار
- 5 ملاعق زيت زيتون
- 2 أونصة من الكراث المقطع إلى شرائح رفيعة
- 3 فص ثوم متوسط الحجم؛ مفروم
- $1\frac{1}{2}$ ملعقة كبيرة عصير ليمون طازج
- $\frac{1}{4}$ ملعقة صغيرة ملح

الاتجاهات:

(a) قف كل حبة شمندر على حدى بورق الألمنيوم واخبزها حتى تنضج عند تقبها بسكين رفيع، حوالي 45 دقيقة إلى ساعة واحدة. يقشر البنجر ويوضع في وعاء صغير، ويُضاف إليه 2 من التتبيلة المصنوعة من ثلاثة ملاعق كبيرة من الكينوا فضف بالطلب. أضف إلى

51

b) سخني 3 ملاعق صغيرة من زيت الزيتون على نار متوسطة إلى عالية. يُضاف الكراث. ويطهى حتى يصبح مقرمشًا مع احتريك كثيرًا لمدة 3 دقائق تقريبًا. أضيفي الثوم وأضيفي يُبتل بالفلفل. يتبل بالفلفل. البنجر الأخضر . ضجة في عصير الليمون والملح.

17.اونيكلا ةطلسو ءادوسد ايلوصف

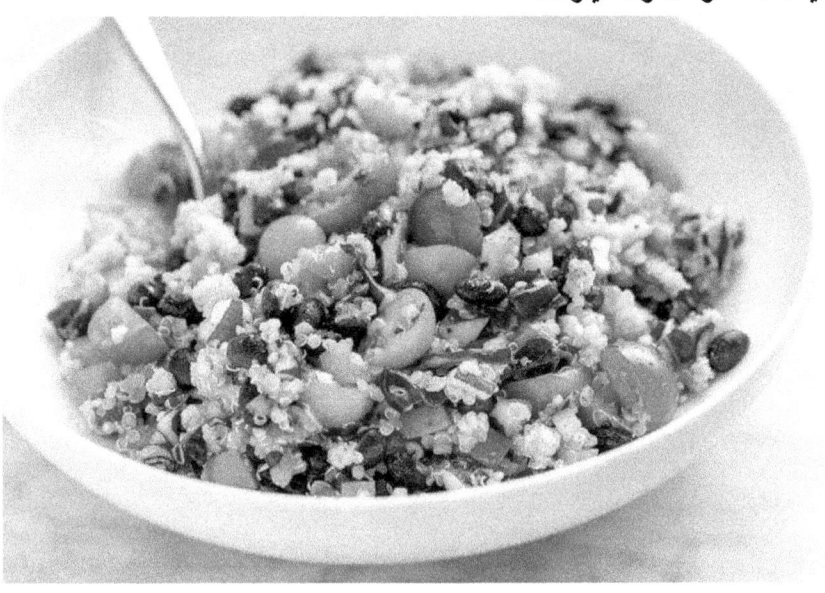

مكوّنات:

- 5 ملاعق زيت زيتون
- ½ كوب كينوا؛ مشطوف
- 1 كوب مرق دجاج أو خضار
- ¼ ملعقة صغيرة كمون مطحون
- 2 ملعقة كبيرة عصير ليمون
- 1 كوب من الفاصوليا السوداء المطبوخة أو المعلّبة
- 1 كوب ذرة كاملة النواة
- 1 حبة طماطم ناضجة كبيرة
- 1 حبة فلفل أحمر حلو صغيرة
- 2 بصل أخضر؛ مفرومة ناعمًا
- 3 ملاعق كبيرة أوراق كزبرة مفرومة
- 2 كوب سلطة خضار مشكّلة

الاتجاهات:

(a) تسخين 1 ملعقة كبيرة زيت على نار متوسطة. أضف الكينوا وحرّكها حتى تحمص وتصبح ذهبيّة على النار إلى أن يبدأ الغليان. أضف المرق والكمون والملح. دقائق 5 طريّة - حوالي دهيطها على نار خفيفة حتى تصبح غطّيها ثم درجة منخفضة، خفّف الحرارة إلى نار على مدى تقريبًا. خفّف الحرارة إلى درجة منخفضة، ثم غطّيها واتركيها على نار خفيفة حتى يمتص السائل - حوالي 15 دقيقة.

(b) في وعاء متوسط الحجم، اخفقي معًا 4 ملاعق زيت زيتون كبيرة من الزيت وعصير الليمون والفلفل. أضيفي الفاصوليا السوداء والذرة والطماطم والفلفل الأحمر والبصل الأخضر. أضيفي الكينوا المطبوخة والكزبرة وبقدونس مفروم والكينوا المطبوخة.

(c) للتقديم، قسمي الخضار بين 4 أطباق سلطة. ملعقة خليط الكينوا على الخضار.

54

18. سلطة الكينوا بالحمضيات.

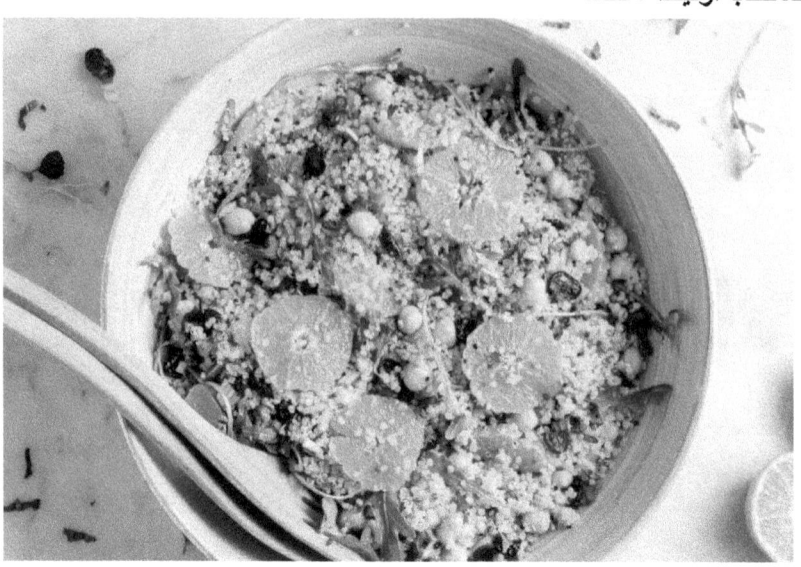

العائد: 4 حصص

مكونات:

- 1 كوب كينوا، مطبوخة
- 1 كوب خيار (غير مقشر) مقطع إلى مكعبات
- نصف كوب من التين المقطع أو المشمش المجفف
- $\frac{1}{2}$ كوب أقسام البرتقال الماندرين
- ربع كوب بذور عباد الشمس
- 2 بصل أخضر؛ مكعبات
- 2 ملعقة كبيرة كزبرة طازجة مفرومة
- 1 ملعقة صغيرة قشر ليمون أو ليمون مبشور
- 3 ملاعق كبيرة عصير ليمون أو حامض
- 3 قطرات زيت السمسم؛ إلى حد ما
- 1 ملعقة صغيرة سكر حبيبات
- $\frac{1}{4}$ ملعقة صغيرة كمون مطحون
- $\frac{1}{4}$ ملعقة صغيرة كزبرة مطحونة

الاتجاهات:

a) في وعاء السلطة، اخلطي الكينوا والخيار والتين وشرائح البرتقال وبذور عباد الشمس والبصل والكزبرة.

b) التتبيلة: في وعاء صغير، اخلطي قشر الليمون وعصير، زيت السمسم، السكر، الكمون والكزبرة. يُسكب فوق السلطة ويقلب المزيج. يقدّم على الفور أو يُغطى ويُبرد لمدة تصل إلى 3 أيام.

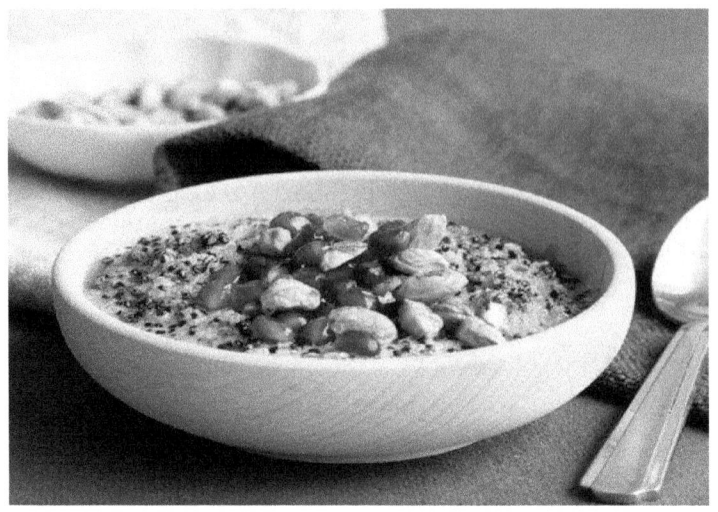

مكونات:

- 1 كوب كينوا ، مطبوخة
- 1 ملعقة كبيرة زيت زبدني تيتي
- صلصة الشبت
- 1 ملعقة كبيرة قطيفة
- 6 دحبات فجل أحمر مقطعة صغيرة الحجم، مقطعة إلى شرائح
- 1 خيارة صغيرة
- جبن جاهز للسيريرج عليك ونبتة جاهز جبر
- أغصان الشبت الطازجة

الاتجاهات:

a) أدجا أنخاسا حصبصي حتى فاجاير القدر ينخني ساخنا. لأدقيقًا صغيرًا. استخدم قدرة صغيرة، لتحضير القطيفة. على ذا رتموتوسطة تيلاء. باستخدام فرشاة معجنانات صغيرة قريرة للحفاظ على هيكرمها وحركتة القطيفة. أضيفي فولا فور طاطهيهها على هيكيرها حتى تنفجر البذور من الاحترارق.

b) أضيفي القطيفة إلى مر ارج. وعاء بردة قدر المبد الكينوا إلى ن الجلن اراير الاخياو للجفد الشبت صلصة. في التطة الشللطة إلى ننقل للشللة ننة وعاء إلى التقديم.

c) وعاء في تنتبيلة الشبت: اغلق، مكحم مكونات التنتبيلة. طيغى الخلطا، حتى ىوهيوى مز تحدى تمتزيدا. أديدا.

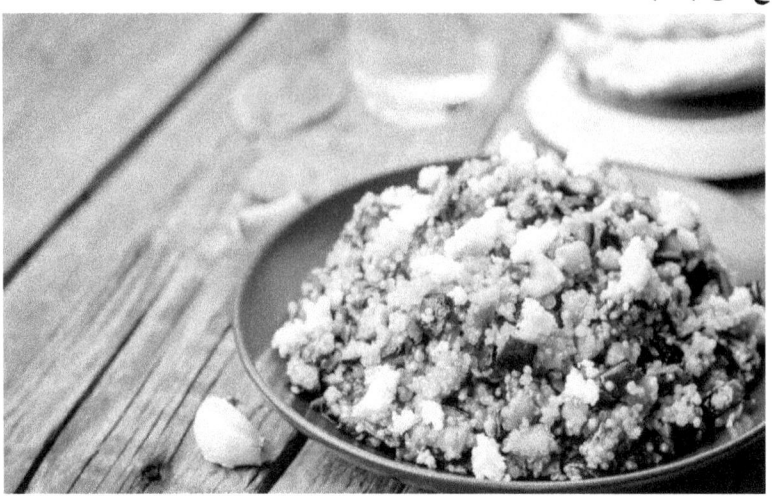

العائد: 4 حصص

مكونات:

- 2 باذنجان مسلوق
- 1 كوب كينوا، مطبوخة
- 1 بصلة صغيرة
- 2 فصوص من الثوم؛ مفروم
- 1 فلفل بوبلانو
- 1 موز أو فلفل مجري
- ½ كوب صلصة الطماطم أو صلصة الطماطم
- طازج الفلفل والملح حسب الذوق
- ربع كوب من الجوز المطحون
- 1 كوب حمص مطبوخ
- قرصة دقيق القمح ودقيق الغلوتين

الاتجاهات:

a) يقطع الباذنجان من الداخل ويوضع جانباً ليقلى.

b) في مقلاة كبيرة، أضيفي الماء وسخنيه على نار متوسطة. ثم أضيفي البصل والثوم والفلفل والباذنجان، وقلّبي مع إضافة القليل من الماء حسب الحاجة.

c) ثم أضيفي معجون الطماطم والملح والفلفل والجوز والحمص.

d) يغطى ويترك على نار خفيفة لمدة 5 دقائق مع التحريك من حين لآخر. يُضاف الكينوا المطبوخة ودقيق القمح ودقيق الغلوتين إلى الخضار المقلية ويقّلب جيداً. حشو قشر الباذنجان بخليط الكينوا. خبز.

21.سلطة الكينوا الصيفية.

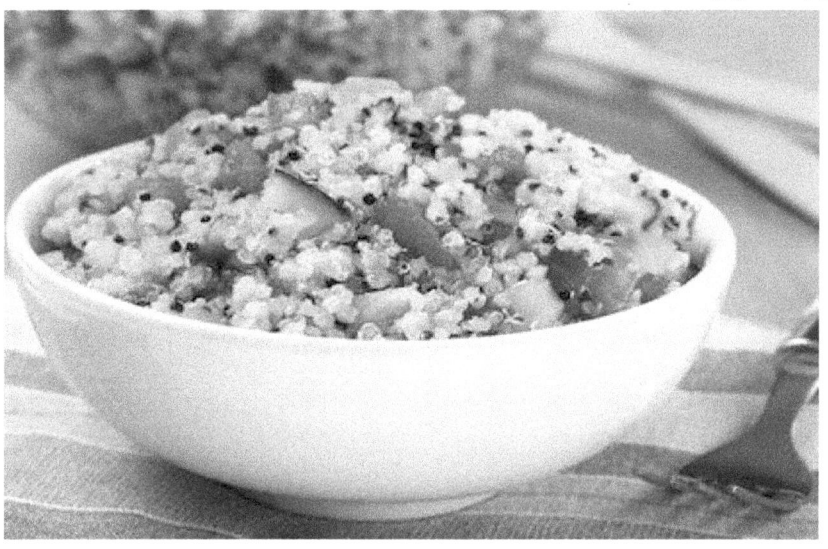

المكونات:

- 4 أكواب كينوا مطبوخة
- $\frac{1}{2}$ كوب جوز البقان المقشر
- $\frac{1}{2}$ كوب بصل أخضر مفروم
- نصف كوب زيتون أسود شرائح
- $\frac{3}{4}$ كوب فطر مقطع شرائح
- $\frac{3}{4}$ كوب زبيب منقوع في ماء ساخن
- ربع كوب صنوبر ليمون
- 2 ملعقة كبيرة تمر هندي
- ⅓كوب زيت زيتون غير مكرر
- $\frac{1}{4}$ ملعقة صغيرة فلفل

الاتجاهات:

a) امزجي المكونات السبعة الأولى معًا في وعاء كبير. وعاء منفصل، قم بخلط المكونات الأربعة الأخيرة. اسكب السوائل فوق السلطة وحركها بلطف.

b) للحصول على أفضل النكهة، ضعيها في الثلاجة لمدة ساعة تقريبًا قبل التقديم.

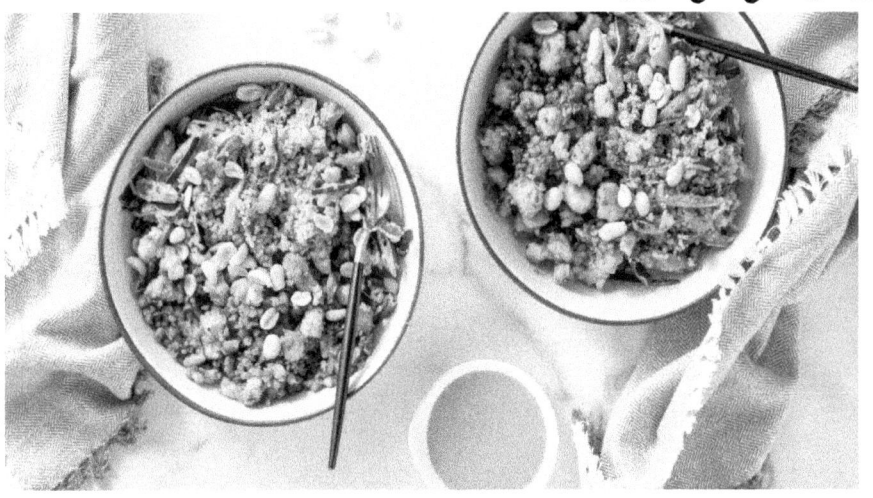

الوصفة 1: صحص

المكونات:

- كوب 1 $\frac{1}{2}$ كينوا، مطبوخة
- كوب1$\frac{1}{2}$ حبات ذرة طازجة أو مجمدة؛
- تميمة أدوبو ناجتس
- كوب فلفل أحمر حلو؛ مكعبات ناعما
- كوب بصل أحمر؛ مكعبات ناعما $\frac{1}{2}$
- كوب كزبرة؛ معبأة بإحكام، المفروم $\frac{1}{2}$
- فلفل الهالبينو؛ منزوعة البذور ومقطعة إلى مكعبات صغيرة 1
- كوب صلصة ليموني شهوي $\frac{1}{4}$
- ملعقة كبيرة عصير ليمون طازج 2
- راديتشيو.للتزيين

الاتجاهات:

(a) . أضيفي الذرة إلى الكينوا واطهيها حتى تصبح طريقة ولكن لا تزال المقرمشة.

(b) أضيفي البصل والهالبينو وكذلك الكزبرة والفلفل والملح والصلصة إلى خليط الصلصة من مكيف وامو الكمكونات دفخة. أضيفي عصير الليمون حسب الرغبة. يقدم دافئا أو في درجة حرارة الغرفة على سرير من الراديكيو.

66

23. سلطة التبولة بالشوفان

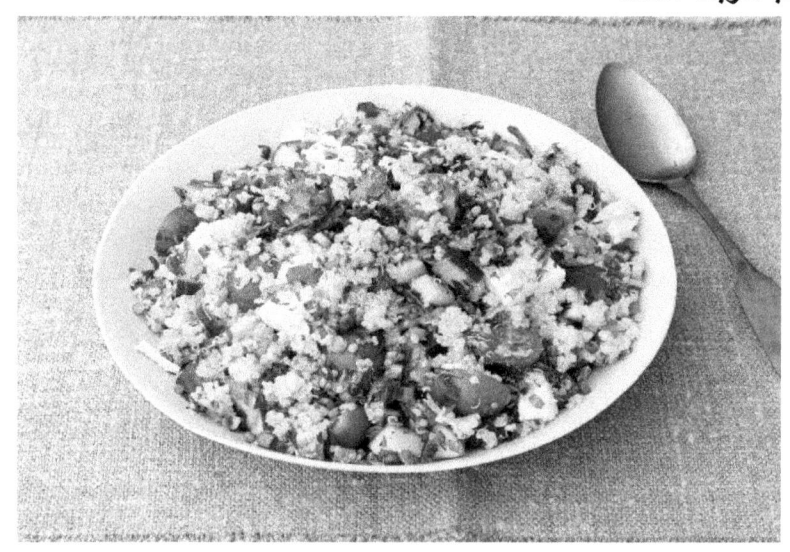

مكونات:

- 2 كوب الكينوا؛ مشطوف
- $\frac{3}{4}$ كوب بقدونس طازج، مفروم
- $\frac{3}{4}$ كوب طماطم ناضجة؛ مكعبات
- 1 خيار؛ مقشرة ومقطعة إلى مكعبات
- 1 باقة بصل أخضر؛ المفروم
- 5 أغصان نعناع طازج؛ المفروم
- 4 ملاعق كبيرة زيت الزيتون البكر الممتاز
- 2 ملعقة كبيرة خل البرقوق
- 2 فص ثوم مقشر ومعصور

الاتجاهات:

a) قم بطهي الكينوا حسب توجيهات العبوة. رائع. يُمزج الكينوا والبقدونس والطماطم والخيار في وعاء كبير. جيدا. والثوم والبصل الأخضر والنعناع.

b) يُمزج زيت الزيتون مع البرقوق والخل والثوم ويُضاف إلى السلطة.

24.اونيكلا عم ادلااسنا

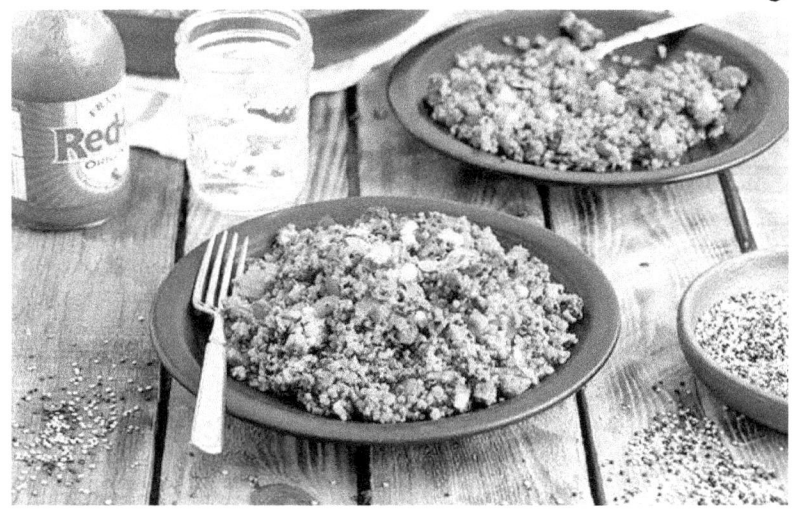

المكونات:

- 2 كوب كينوا مطبوخة
- ⅓ كوب عصير ليمون
- 2 أجي تشيلي
- ⅔ كوب زيت زيتون
- 2 خيار متوسط
- 1 طماطم كبيرة؛ إزالة القلب البذور، مكعبات
- 8 بصل أخضر؛ بياضا مقطعة إلى شرائح رفيعة فقط
- ⅓ كوب بقدونس إيطالي؛ طازج، لحم مفروم
- ⅓ كوب نعناع؛ طازج مفروم
- ملح وفلفل أسود
- 2 رأس خس بيبي؛ أجداد
- 3 بيضات؛ مسلوق ومقطع إلى شرائح رفيعة
- 2 سنبلتة ذرة طازجة
- 1 كوب زيتون أسود؛ شرائح دسميكة

الاتجاهات:

a) خذ عصير الليمون، والفلفل الحار ، وزيت الزيتون معا، ثم تنكركهم جانبا.

b) الجمع بين الكينوا والخيار والطماطم والبصل الأخضر والبقدونس والنعناع وتخلط بلطف. يُسكب خليط عصير الليمون فوق الخليط ويقلّب مرة أخرى. أضف الملح والفلفل الأسود المطحون حسب الرغبة.

c) لتقديم السلطة، ضع كومة من خس البيب المبشور على 6 أو 8 أطباق فردية وزينها بأي من الزينة المقترحة أو جميعها.

25.ةطلس اونيكلا ةرمشلا

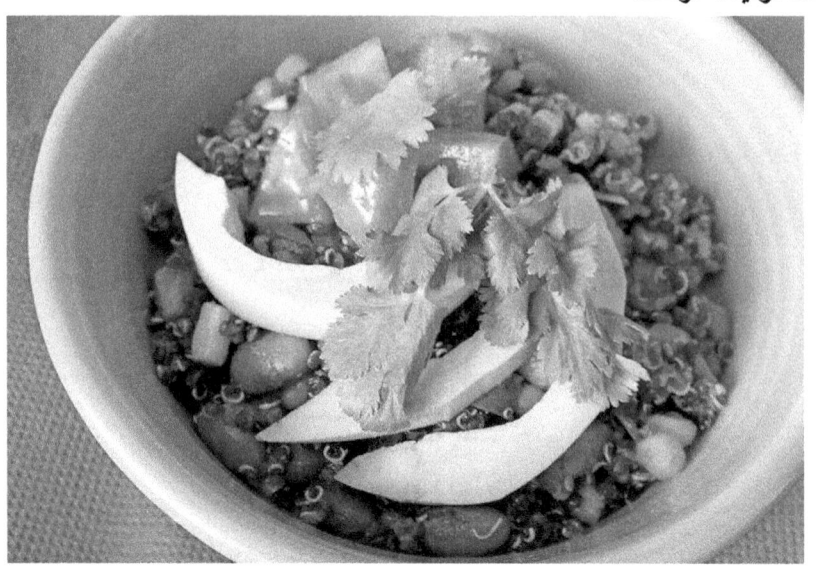

العائد: 1 حصص

مكونات:

- 3 أكواب كينوا مطبوخة
- 1 كوب شمر مقطع
- 2 ملعقة كبيرة كراث مفروم
- 1 ملعقة صغيرة قشر ليمون مبشور
- 1 ملعقة صغيرة قشر برتقال مبشور
- ⅔ كوب عصير برتقال طازج
- 2 ملعقة كبيرة عصير ليمون طازج
- ربع كوب من الريحان الطازج المفروم
- 2 ملعقة صغيرة زيت زيتون
- $\frac{1}{4}$ ملعقة صغيرة ملح
- $\frac{1}{8}$ ملعقة صغيرة فلفل
- 2 كوب برتقال مقطع
- ربع كوب من الجوز المفروم، المحمص

الاتجاهات:

a) يُمزج الكينوا والشمر والكراث في وعاء كبير. اجلس جانبا.

b) في وعاء صغير، قم بدمج المكونات الثمانية التالية (قشرة الليمون مع الفلفل)؛ ويقلب جيدا.

c) يُسكب فوق خليط الكينوا ويقلب جيداً. ملعقة 1 كوب سلطة على كل من الأطباق الأربعة.

d) رتب نصف كوب من قطع البرتقال حول كل سلطة. رش كل سلطة بملعقة كبيرة من الجوز.

26.يدنارغ وير اونيكلا ةطلس

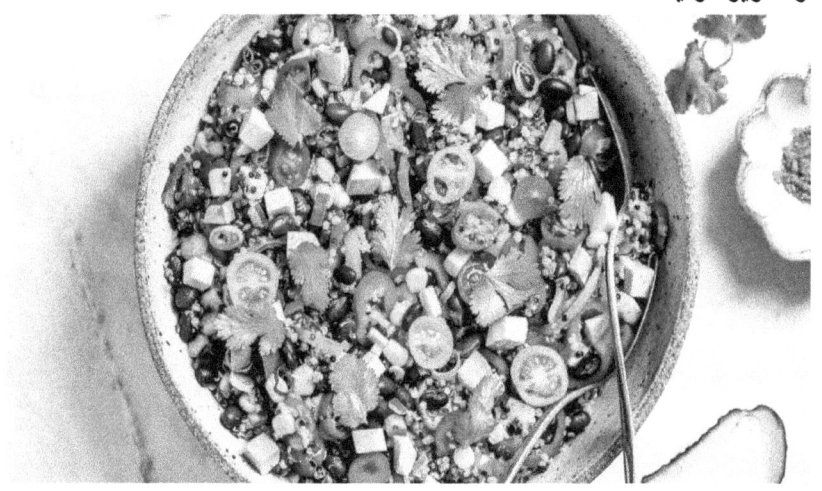

العائد: 4 حصص

مكونات:

- 3 ملاعق كبيرة عصير ليمون
- 3 ملاعق زيت زيتون
- 3 ملاعق كبيرة كزبرة، مفرومة
- ملح البحر
- فلفل أسود مطحون طازجاً
- 1 كوب ذرة طازجة أو مجمدة
- نصف كوب كينوا مطبوخة مع الكمون
- 1 كوب فاصوليا سوداء مطبوخة
- 1 طماطم متوسطة؛ مكعبات
- 3 ملاعق كبيرة بصل أحمر، مفروم

الاتجاهات:

a) اخفقي عصير الليمون وزيت الزيتون والكزبرة والملح والفلفل حسب الرغبة. اجلس جانبا.

b) في قدر صغيرة، ضعي كوباً ونصف من الماء حتى الغليان ثم أضيفي الذرة.

c) خففي النار واتركي الذرة على نار هادئة حتى تنضج. صفي الذرة، واحتفظي بكوب واحد من سائل الطبخ.

d) في وعاء، اخلطي الكينوا المبردة والذرة والفاصوليا السوداء والطماطم والبصل. تُسكب الصلصة فوقها وتُقلب بلطف حتى تمتزج. سلطة الثلاجة حتى تصبح جاهزة للتقديم

27. سلطة الكينوا بالفواكه

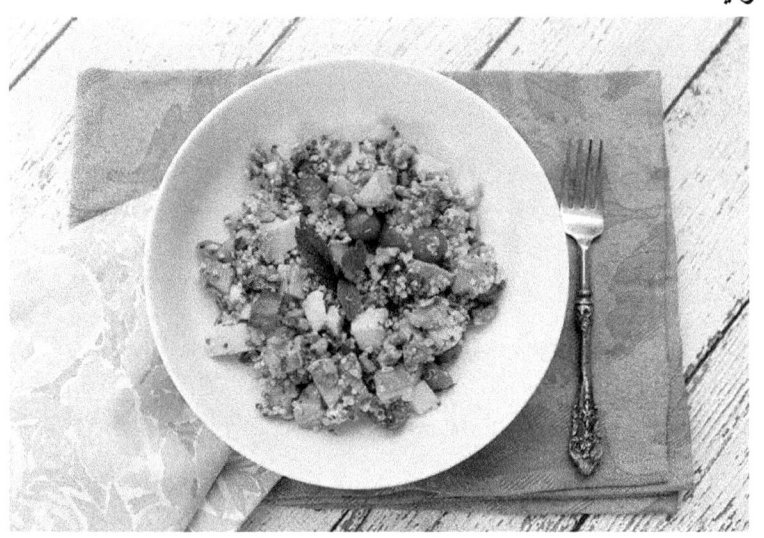

الطبق: 4 حصص

مكونات:

- 3 أكواب كينوا، مطبوخة
- أونصة علبة مشمش مقطعة إلى أنصاف، مصفاة $8\frac{3}{4}$
- 1 برتقالة حجرية، مقسمة
- 1 كوب عنب بذر أحمر منزوع البذور، مقطع إلى نصفين
- $\frac{1}{4}$ كوب بصل أخضر، مقطع إلى شرائح
- $\frac{1}{4}$ كوب بقدونس طازج، مفروم
- $\frac{1}{4}$ ملعقة صغيرة فلفل أسود
- ملح

الاتجاهات:

(a) في وعاء متوسط، ضعي الكينوا والمشمش والبرتقالة والعنب والبصل الأخضر والبقدونس والفلفل الأسود.

(b) يتبل الملح حسب الرغبة.

78

28.باشعلأاب اونيكلا ةطلس

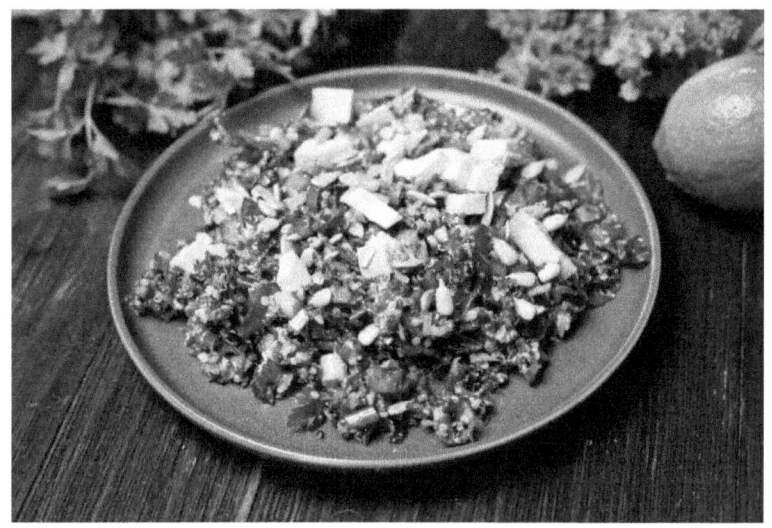

العائد: 4 حصص

المكونات:

- 1½ كوب باذلاء أو فاصوليا
- 3 أكواب من الكينوا البارادة والمطبوخة
- نصف كوب من جبن الماعز أو قليل الدسم متفتت
- ¾كوب بقدونس طازج مفروم
- ¾كوب طرخون طازج مفروم
- ¾كوب ثوم معمر طازج مقطع
- ¼كوب عصير ليمون
- 1 ملعقة كبيرة زيت زيتون بكر ممتاز

الاتجاهات:

(a) في قدر سعة 2 لتر على نار عالية، يُغلى ربع لتر من الماء. أضف الباذلاء. غطِّها وأطهِها لمدة 4 دقائق تقريبًا أو حتى يصبح طريًا. لا تطهِ. وصفِّها وشطفها تحت الماء البارد.

(b) يُوضع الكينوا في وعاء كبير. أضف أيضًا الباذلاء وجبن الماعز والبقدونس والطرخون والثوم المعمر. أمزج بخفقة.

(c) في كوب، اخلطي عصير الليمون وزيت الزيتون معًا. صبي فوق السلطة.

(d) خفف الحرارة إلى درجة منخفضة، ثم اطهِها وطهيها لمدة 10-15 دقيقة، أو حتى تصبح طرية ولكن ليست طرية جدًا. استنزاف أي فائض سائل. يُقبتم لأي سائل بغز بالشوكة للصف. اتركها لتبرد قبل مجمها في السلطة.

80

29. سلطة جيكاما-كينوا

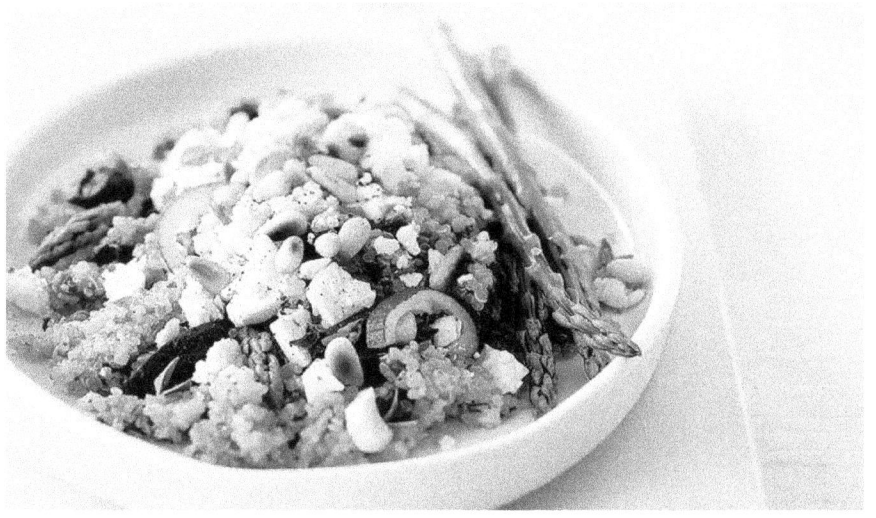

مكونات:

● 4 أوقية بابا زلاء دسكرية

● 1 جينه جيكاماء؛ مقشر و

● نصف كوب عصير برتقال طازج

● 1 ملعقة كبيرة عصير ليمون طازج

● 1 ملعقة طعام خل الأرز البني

● $\frac{1}{2}$ ملعقة صغيرة جلخ شن

● 12 حبة طماطم كرزية و/أو كمثرى صفراء

● $\frac{1}{2}$ 1 كوب كينوا مطبوخة

● نصف كوب من الكرزب الطازجة المفرومة

● 2 رشة من الفلفل الحار أو رشة من الصلصة الحارة

الاتجاهات:

(a) جلب قدر صغير من الماء إلى الغلي. أضف البازلاء والسكر والطهيها لمدة دقيقة واحدة. يُصفى، ويُشطف تحت الماء الجاري حتى يبرد، ويُصفى مرة أخرى.

(b) قطع في النصف على عرض قطر. يُطرى. جلس جانبا.

(c) في وعاء كبير، اخلطي الجيكاما مع عصير البرتقال والليمون والخل ثم الجلخ. يُضاف السكر والبازلاء والطماطم والكينوا والكرزب الطازج والفلفل الحار. ثم قلبي بلطف حتى تمتزج جيدا حتى تتمزج المكونات، واضبطي التتبيلة بحسب الذوق ثم قدميها.

30. سلطة فواكه الكينوا بالنعناع

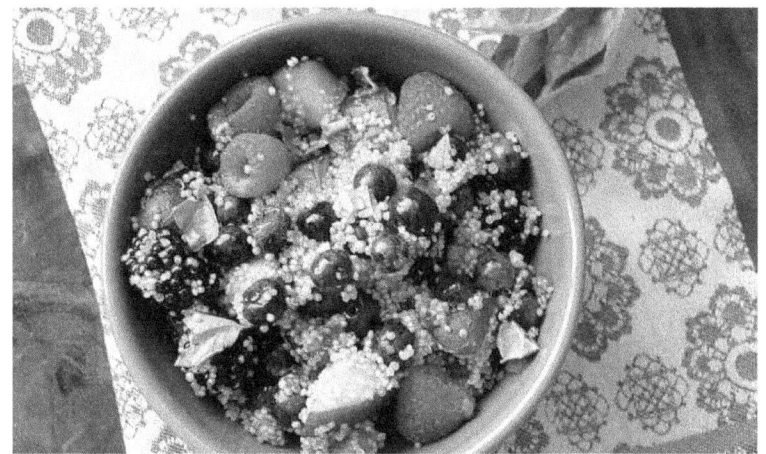

العائد: 4 حصص

مكوّنات:

- ملعقة صغيرة ملح $\frac{1}{4}$
- 6 أونصات كينوا؛ ذي ع
- ¾كوب دبعانع؛ المفروم
- كوب زبادي $\frac{1}{4}$
- 2 ملعقة كبيرة عصير برتقال
- 1$\frac{1}{2}$ كوب فراولة مقطعة إلى شرائح
- 2 ثمرة كيوي متوسطة الحجم
- 1 كوب برتقال مندرين

الاتجاهات:

(a) في قدر متوسطة الحجم، ضع كوبين من الماء والملح حتى يغلي؛ أضف الكينوا. خفض في الحرارة إلى منخفضة. غطِّها على نار خفيفة لمدة 15 دقيقة تصبح الكينوا شفافة. قم بخلط النعناع والليل والعصير، واهرس حتى دبصير ناعمًا. اجلس جانباً.

(b) ضع شرائح فراولة وثلاث شرائح كيوي في التقدييزين. وعاء اجمعي ما تبقى من الفراولة مع ما تبقى من الكينوا وأجزاء الفسيفساء. كُسّت الصلصة الزبادي فوق خليط الأفاكهة. أرمِ إلى معطف. أضف الكينوا المطبوخة. أرمِ لخلط طلبف جيدا.

(c) زيّنِ بشرائح الفراولة والكيوي المحفوظة. يوضع في الثلاجة، ويغطي لمدة 1-2 ساعة، حتى يبرد تمامًا.

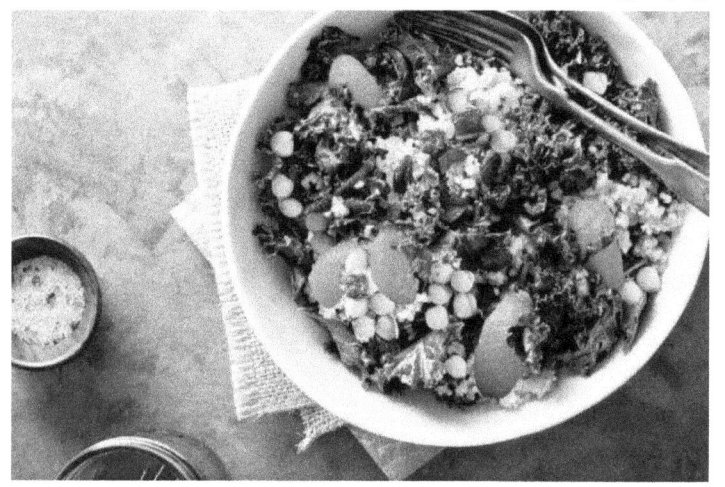

مكونات:

- 3 برتقالات كبيرة
- 1 كوب جزر صغير؛ شرائح رقيقة
- 2 كوب كينوا مطبوخة؛ الدخن، أو غيره
- 6 سيقان الكرفس. شرائح رقيقة
- $\frac{1}{4}$ كوب كذلك الخردل بالعسل
- 3 ملاعق كبيرة عصير ديمون طازج
- ربع كوب ذعانع طازج مفروم
- رومين أو أوراق الخس الأخرى

الاتجاهات:

(a) اجمع بين جميع المكونات باستثناء أوراق الخس في وعاء التقديم.

(b) قدم السلطة على طبقة من الخس، أو يقطع الخس وقلبه مع السلطة قبل التقديم.

32. سلطة الكينوا والروبيان

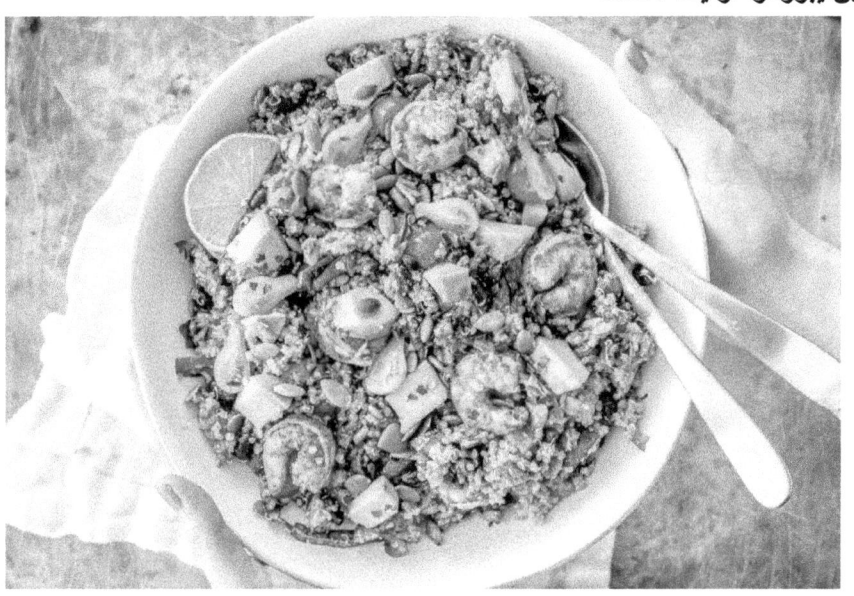

العائد: 4 حصص

مكونات:

- 1 كوب كينوا ، مطبوخة

- ½ جينه جمبري؛ مطبوخ؛ في النرد 1/2 بوصة

- ½ كوب كزبرة طازجة؛ مفرومة فرماً ناعماً

- ربع كوب من الثوم المعمر الطازج أو البصل الأخضر

- 1 كل فلفل هالبينو؛ مفروم

- 1 فص ثوم؛ مفروم

- 1 ملعقة صغيرة ملح

- ½ ملعقة صغيرة فلفل اسود

- 3 ملاعق كبيرة عصير ليمون

- 1 ملعقة كبيرة عسل

- 1 ملعقة كبيرة صلصة الصويا

- 2 ملعقة كبيرة زيت زيتون

الاتجاهات:

a) تحضير الصلصة، اخلطي الهالبينو والثوم والملح والفلفل وعصير الليمون والعسل وصلصة الصويا وزيت الزيتون. إمزج بلطف مع الكينوا.

b) ضبط التوابل حسب الذوق.

salpicon.33 نوأ اونيكلا

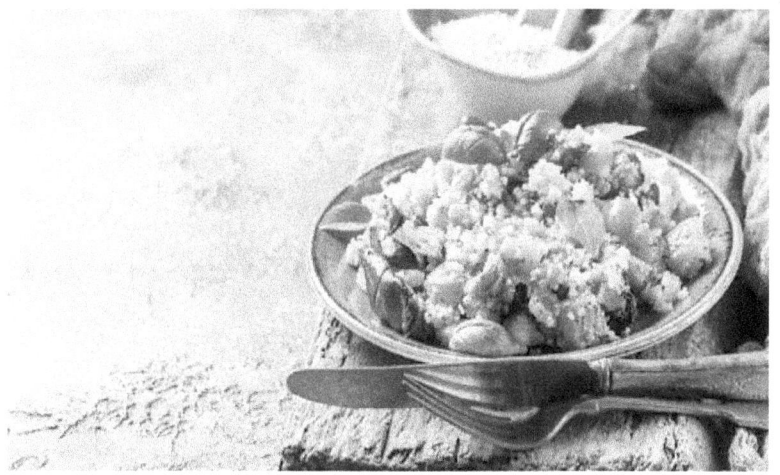

العائد: 1 دفعة

مكوناتك:

- 2 كوب كينوا مطبوخة
- 8 أكواب ماء
- 1 كوب خيار مقشر ومقطع إلى مكعبات
- 1 كوب طماطم منزوعة البذور ومقطعة مكعبات
- ربع كوب عصير ليمون طازج
- $\frac{1}{4}$ ملعقة صغيرة فلفل أبيض مطحون
- 1 تشيلي طازج ؛ المصنّف والمفروم
- $\frac{1}{2}$ كوب بصل مقطع إلى شرائح رفيعة
- كوب¾/1 بقدونس إيطالي طازج مفروم
- كوب¾/1 أوراق ذعانع طازجة مفرومة
- 1 ملعقة صغيرة ملح خشن
- $\frac{1}{2}$ كوب زيت زيتون

الاتجاهات:

(a) في وعاء، اخلطي عصير الليمون، الفلفل، الملح والخل الحار. أضيفي زيت الزيتون تدريجياً مع الاستمرار في التحريك المستمر. اجلس جانباً.

(b) عندما تبرد الكينوا مع الخيار والطماطم، ضعي في وعاء، في السلطة. قم بتجميع السلطة، تلتخت المكونات ثم أضيفُ صلصة الخل. تقلّب البقدونس والنعناع. والبصل والخضار أخلاً وتقلّب جيداً.

90

c) يتبلـ بحسـب الذوق بالملح والفلفل الأبيض

34.اتسييف اونيكلا ةطلس

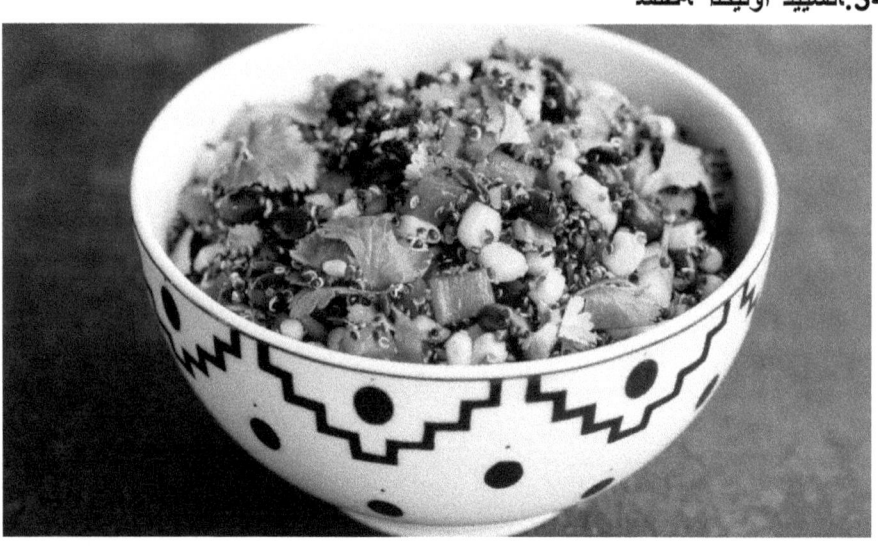

مكوّنات:

- 1 كوب كينوا ، مطبوخة
- 2 كوب ماء
- 1 فلفل أحمر؛ محفور، البذور، ومكعبات
- 1 جزرة
- 6 بصل أخضر
- $\frac{1}{4}$ كوب ذرة مطبوخة
- $\frac{1}{2}$ كوب زبيب
- 2 ملعقة كبيرة قدونس طازج
- 1 ف ص ثوم؛ مقشرة ومفرومة
- 1 ملعقة صغيرة كمون
- 2 ملعقة كبيرة شرارب الليقب
- 1 ملعقة كبيرة عصير ليمون طازج
- 1 ملعقة كبيرة خل الأرز
- 2 ملعقة كبيرة خل النتوت

الاتجاهات:

(a) يقلى الثوم في مقلاة من اختيارك مدة دقيقتين. أضيفي أيضا المكون وقلّبي لمدة دقيقة أخرى. يُضاف الاحتياطية حتى تُكرّر ثم يذوب ثم يرفع عن النار ويُثيّر كركب. أضاف عصير الليمون واسكبيها على النيكينوا مع الخضار والبقدونس والمشمش. اخلطي المكونات جيدا واسكبيها.

93

b) نم ريرس ىلع مدقي .دربيل ةجلاثلا يف عضوي وأ روفلا ىلع مدقي .ةقدب نكلو فطلب جيزم
رضخلا.

35.نيردناملاو اونيكلا ةطلس

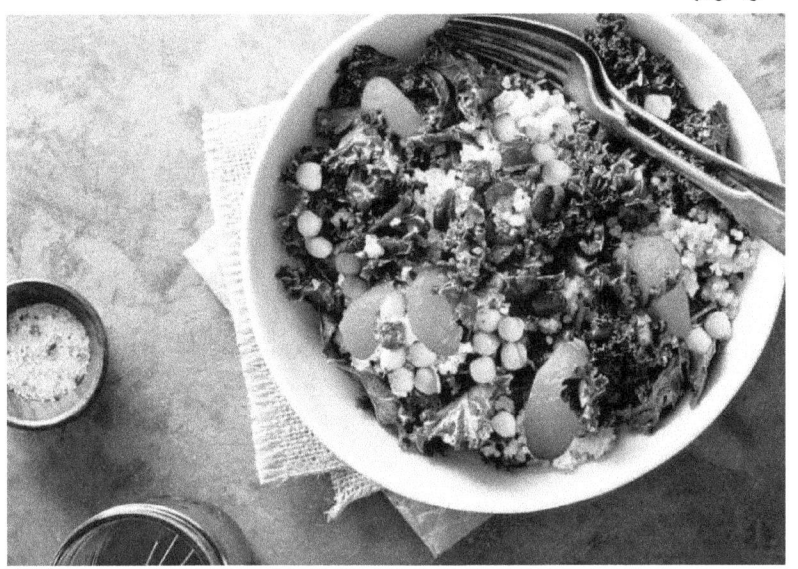

الوصفة 1: صدمة

مكونات:

- 1 كوب الكينوا المطبوخة
- 1 علبة برتقال
- 60 ز؛ (2 كوب) حبابات بازلاء ثلجية طازجة
- ¾كوب دبس أخضر مقطع
- أوراق الخس
- 1 ملعقة كبيرة عسل
- ملعقة صغيرة ملح ¼
- 3 ملاعق كبيرة من خل التفاح
- 2 ملعقة كبيرة زيت كانولا
- ملعقة صغيرة قرائق فلفل حار ⅛

الاتجاهات:

(a) في قدر متوسطة الحجم ، اخلطي الكينوا مع خليط البرتقال السائل. اضغطه في قرون البازلاء والبصل. برد 10 دقائق باردة.

(b) في هذه الأثناء، في وعاء ذو غطاء صغير محكم، قومي بمزج جميع مكونات الصلصة، ثم رجيها جيدًا حتى وقت التقديم.

(c) في البطبق. في وعاء، ميزجي خليط الكينوا برشائح البرتقال. غطاء؛ قم بتبريدها لمدة ساعة على الأقل أو حتى برد.

(d) قبل التقديم، حركها بلطف فتنغطى بالصلصة. ملعقة سلطة على أطباق 4 صحص الخس (½-1). قم بتغطية 4 أطباق سلطة فردية بسكب الصلصة فوق السلطة، مقدرة مشابهة، قبل التقديم ونحركها بلطف فتنغطى بالصلصة (كوب).

96

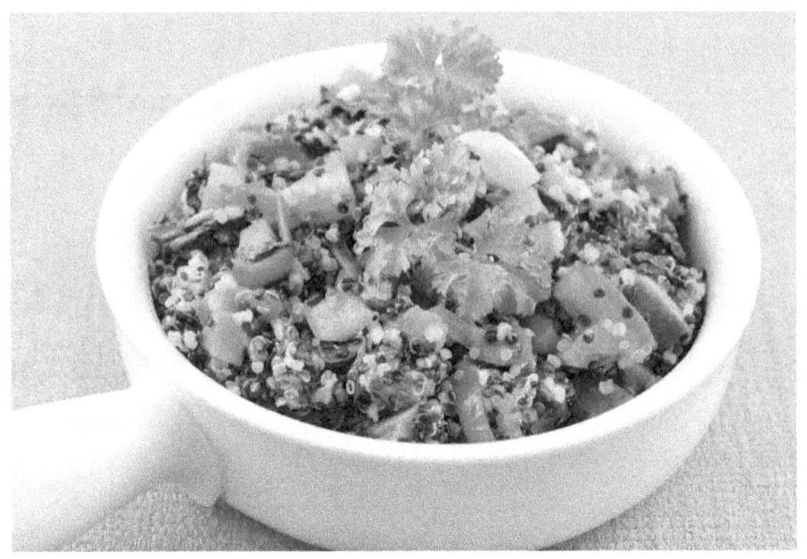

مكونات:

- كوب كينوا؛ مشطف 2

- كوب بزيت زيتون أسود؛ قطع إلى النصف ⅔

- كوب بزيت زيتون أخضر؛ قطع إلى النصف ⅔

- كوب صنوبر؛ يوش محفقة ¼

- باقة صلب أخضر؛ مفرومة فرما ناعما 1

- كوب بقدونس؛ مفرومة فرما ناعما ¼

- حبة فلفل أحمر محمر قطعة معتقة صغيرة قطعتة إلى شرائح جدائر رفيعة ½

- فص من صوصم؛ مثوم مفروم ناعماً 2

- ملعقة تيز زيتون طرية بكر ممتاز 2

- ملاعق قرة كبيرة من خل البلقوق 4

الاتجاهات:

a) قم بطهي الكينوا حسب توجيهات العبوة. تبرد ثم تختلط المكونات المتبقية، ثم أضف خل الأولمي أخيراً والزبادي والولد حسب الرغبة.

b) يبنى جانب أو طبق كسلطة لذيذة

37.اونيكلاب وشحملا لصبلا

مكوّنات:

- 12 حبّة بصل متوسطة الحجم؛ مقشّر
- ½ كوب كينوا؛ مطبوخ
- 1 كوب؛ ماء
- ¼ ملعقة صغيرة ملح جلح البحر
- 2 فصوص من ثوم؛ مفروم (اختياري)
- ½ كوب فطر؛ مقطّع إلى شرائح
- ½ كوب كرفس مقطّع إلى شرائح
- 2 ملعقة كبيرة ذرة أو زيت زيتون
- ½ كوب حمّص؛ مطبوخ
- 1 كوب جوز محمّص
- 2 ملعقة صغيرة صويا صوص
- 2 ملعقة صغيرة خل الأرز البنّي

الاتّجاهات:

(a) قم بإفراغ الجزء الداخلي من البصل باستخدام مقشّرة الفاكهة، مع ترك الجزء السفلي سليمًا. ويُحتفظ بالجزء الداخلي للبصل. طهطه على الموجّه فوق البصل لتخفيف حدّة صيصح طريًا، مع الاحتفاظ بالجزء الداخلي. مع ¾ كوب من البصل للطبخ.

(b) قدّم زيت الزيتون في مقلاة وأضف البصل المفروم والثوم والفطر والكرفس في زيت الزيتون. يُقلّى على البصل لمدّة حمّى ظروف ناعمًا. تُنقّط البصل المحمّص وأضف الكينوا والحمّص ويُخسّن لمدّة تقيقة أو حتّى يصبح طريًا. يُمزّج الكل جيّدًا ويُخسّن لمدّة 15 دقيقة أو حتّى (حوالي 5 دقائق).

101

c) يحشى البصل بخليط الكينوا . يُسحق الجوز في محضرة الطعام ويُمزج مع صلصة الصويا، وحلاو لتكوين خليط كريمي. مزيج في ساتل الطبخ المحفوظة. ضعي الخليط في قدر، واتركيه على النار مع التحريك المستمر. يسكب فوق البصل المحشو ويزين ويقدم.

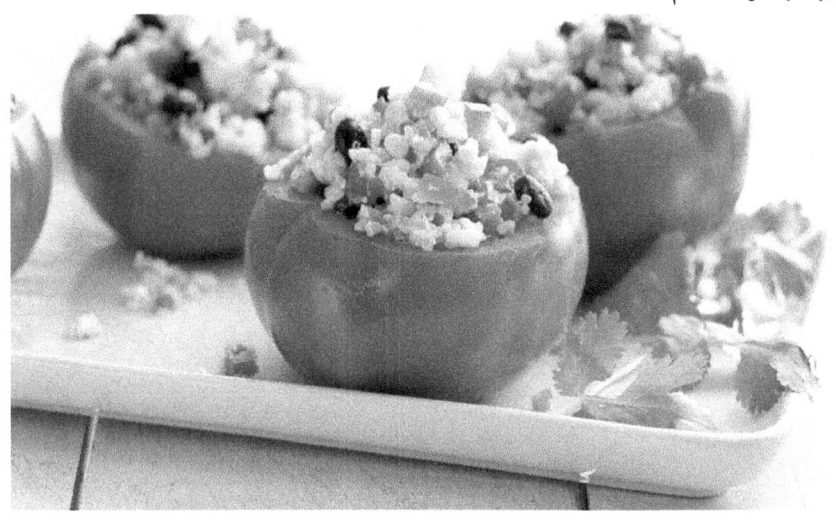

العائد: 4 حصص

مكونات:

- 4 حبات طماطم باللحم البقري
- ملح
- 2 كوب كينوا مطبوخة
- 2 خيار كيربي (تخليل) ؛
- ⅓ كوب بقدونس طازج مفروم
- ⅓ كوب نعناع طازج مفروم
- 2 بصل أخضر؛ شرائح ناعما
- $\frac{1}{4}$ كوب مرق
- 2 ملعقة كبيرة عصير ليمون طازج
- فلفل هالبينو طازج

الاتجاهات:

a) يُملح الجزء الداخلي من الطماطم المجوفة ويُصفى رأسا على عقب على الرف. في وعاء الخلط، قم بخلط الكينوا والخيار والبقدونس والأعشاب والبصل الأخضر. اصنع صلصة من المرق وعصير الليمون وفلفل الهالبينو واخلطيها مع الخضار والكينوا. الموسم إلى الذوق مع الملح والفلفل.

b) تحشى الطماطم بالسلطة وتقدم حبة طماطم واحدة لكل شخص.

39. سلطة بيري كينوا

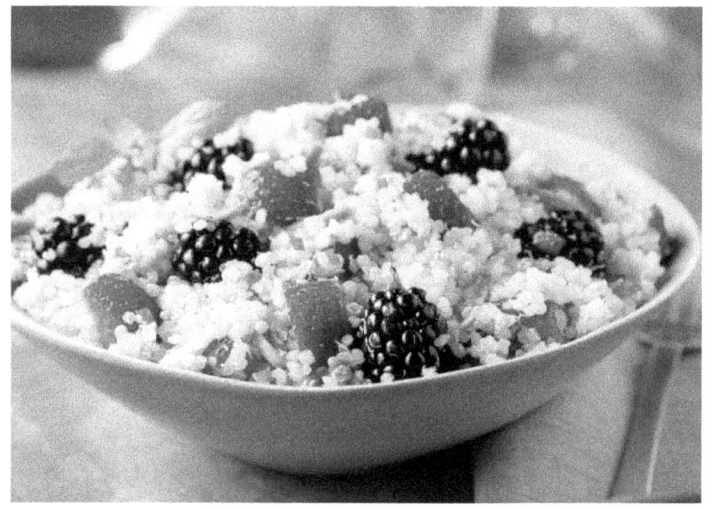

مكوّنات:

تتبايات صلصة السعد المحمضة:

- 1 ملعقة صغيرة بشر برتقال
- 4 ملاعق كبيرة عصير برتقال طازج
- 2 ملعقة كبيرة عصير ليمون طازج
- 1 ملعقة كبيرة عصير ليمون طازج
- 1 ملعقة كبيرة عدس
- 1 ملعقة صغيرة من النعناع الطازج المفروم ناعماً
- 1 ملعقة صغيرة من الريحان الطازج المفروم ناعماً

السلطة:

- 2 كوب كينوا محضرة مطبوخة
- 1 1/2 كوب فراولة مقطعة إلى نصفين
- 1 كوب توت بري
- 1 كوب توت أسود
- 1 كوب توت أزرق
- 1 كوب لوز محمص بالعسل صص والقرفة
- 1 ملعقة كبيرة نعناع مفروم طازجاً
- 1 ملعقة كبيرة ريحان مفروم طازجاً

الاتجاهات:

a) أوّلاً، جعل خلع الملابس. وعاء صغير أو جرة، اخفقي قشر البرتقال وعصير البرتقال. في وعاء صغير أو جرة، اخفقي قشر البرتقال وعصير البرتقال وعصير الليمون وعصير الليمون والعنانع والريحان معاً. اجلس جانباً.

b) في وعاء كبير، اخلطي الكينوا المطبوخة مع الفراولة، التوت، التوت الأسود، التوت الأزرق، في وعاء كبير واقلبي السلطة فوق المحضضيات لسع عصلصة صرش يُرَش. حرك بلطف. والعنانع، والريحان. بلطف مرة أخرى. يخدم.

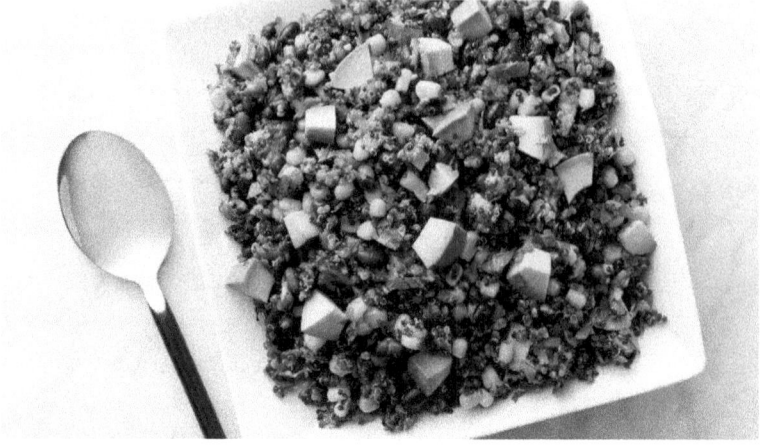

مكونات:

- كوب كينوا (40 جم)، مطبوخة $\frac{1}{4}$
- كوب فاصوليا سوداء (40 جم) $\frac{1}{4}$
- كوب بصل أحمر (35 جم) مقطع إلى مكعبات $\frac{1}{4}$
- 2 ملعقة كبيرة ذرة
- 1 ملعقة كبيرة كزبرة طازجة
- 1 ملعقة صغيرة عصير ليمون
- ملح للتذوق
- فلفل الذوق

الاتجاهات:

a) الجمع بين جميع المكونات في وعاء صغير.

b) تخلط حتى تمتزج وتقدم.

c) يتمتع!

109

41.ةدبزلا ايلوصافو ةيفيرخلا اونيكلا

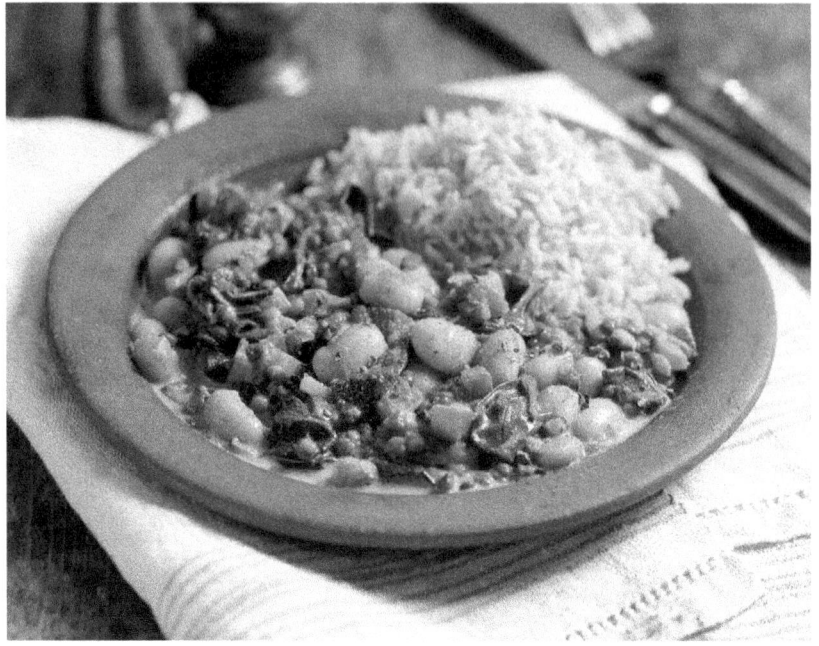

مكوّنات:

- نصف كوب كينوا
- 2 ملعقة كبيرة ماجرين
- ¾ كوب بصل مفروم ناعماً
- ¾ كوب عصير برتقال. ماء
- 2 ملعقة كبيرة عسل
- ½ ملعقة صغيرة ملح
- داش كزبرة / هيل / جوزة الطيب
- 1 كوب بطاطا حلوة مقطّعة (1/2 بوصة)
- 1 كوب قرع مقطّع مكعبات
- 1 ½ كوب فاصوليا مطبوخة/معلّبة
- ¼ كوب توت بري مقطّع

الاتجاهات:

a) يذوب السمن في قدر سعة 2 لتر على نار متوسطة إلى عالية. يُضاف البصل والزنجبيل ويُطهى مع التحريك حتى يندمج البصل.

b) يُضاف عصير البرتقال والماء والعسل والملح والكزبرة والهيل وجوزة الطيب. يُغلى. يُطهى بدون غطاء لمدة 7 دقائق. أضيفي البطاطا الحلوة والاسكواش. يُغلى. يُضاف القرع ثم يُضعيها، ثم الفاصوليا والكينوا، أخرى مرة حتى تغلي.

c) خففي الحرارة وتركيها على نار هادئة، مغطاة، لمدة 15 دقيقة. تُضج في التوت البري. يُطهى على نار خفيفة مغطى لمدة 5 دقائق أطول.

111

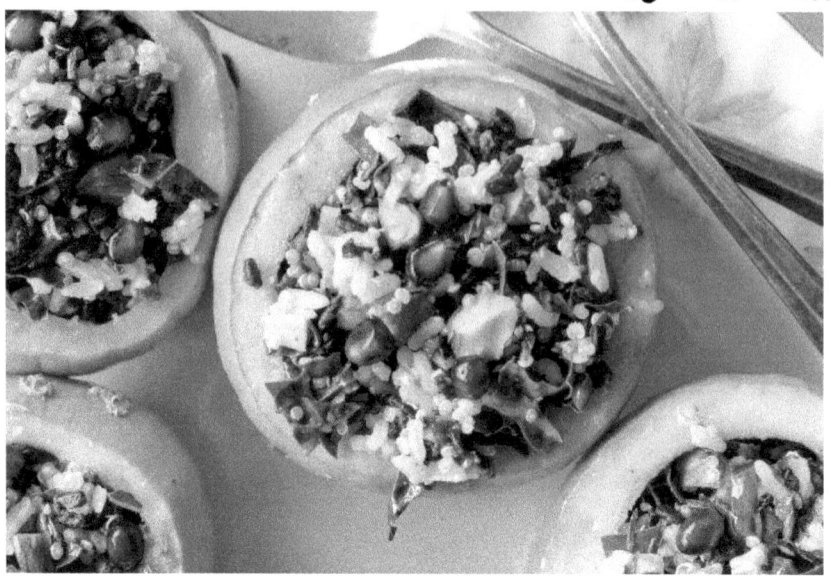

مكونات:

- 8 قرع مصغر
- 1½ كوب حليب و 3 بيض إضافي
- 1 حلة شر
- نصف كوب زبد ينكسر تحاف
- 1 ملعقة صغيرة خلاصة الفانيليا
- ¾ كوب اونين مطبوخة
- ½ قرفة ملعقة صغيرة
- ¼ ملعقة صغيرة فطيرة تارات فهارها نيطيقيلا
- 1 فتحة محاطة متوسطة مقشرة ، مفرومة ناعماً
- 6 إلى 8 حبات من التنين الملجفف، مقطع إلى مكعبات
- ½ كوب زوج الباقان المحمص
- 1 كوب كريمة ثقيلة
- 1 ملعقة كبيرة سكر ذاعم
- 1 ندراب صغيرة ملعقة صغيرة

الاتجاهات:

(a) الفانيليا والسكر والحليب في الملح أيضاً معهم مهيفخقهم، ريبكا خلط طلب واعو في الحليب والبيض أيضاً في الملح أيضاً معهم. الاكينون المطبوخة والملكونات المتبقية باستنشاء الكريمة الثقيلة ثم مرة أخرى. أيضاً في مرة مفقهي والسكر والبرانديي.

(b)   ‏أما كل قرع بـ 4-5 ملاعق كبيرة من الحشوة. يُسكب بوصة 1 من الماء العلي في قاع‏
‏القلاب ويُخبز لمدة 45-60 دقيقة. اخفق الكريمة والسكر بالمضرب حتى يتماسك. ثم سوط‏
‏في البراندي وتركه جانباً.‏

114

العائد: 1 حصة

مكونات:

- 1 كوب كينوا
- 2 كوب مرقة

الاتجاهات:

a) يُغلى المرق في الغليان ويُضاف الكينوا ويُعاد إلى الغليان.

b) تُخفض الحرارة ويُغطى ويُترك على نار خفيفة لمدة تتراوح بين 10 و15 دقيقة، أو حتى يمتص السائل وتصبح الكينوا شفافة وطرية. يمكن أيضاً تحميص الكينوا قبل الطهي. اتبع التعليمات الخاصة بالدخن المذكورة أعلاه.

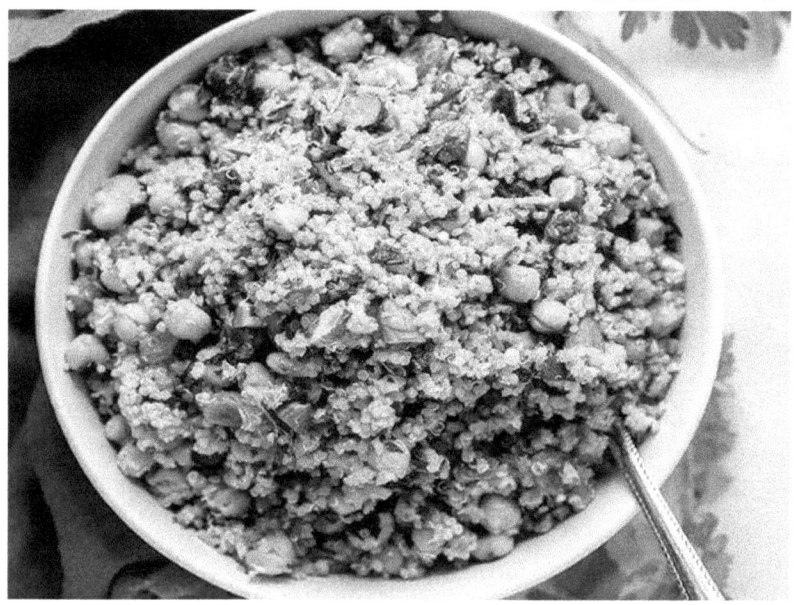

العائدة: 1 حصة

المكونات:

- 2 ملعقة كبيرة زبدة

- 1 بصلة صغيرة، مفرومة

- $\frac{1}{4}$ ملعقة صغيرة من مسحوق الكاري

- 2 جزرة صغيرة، مقشرة ومقطعة؛

- نصف كوب مرقة دجاج طازجة أو معلبة

- $\frac{2}{3}$ كوب كينوا، مغسولة ومصفاة

- $\frac{1}{4}$ ملعقة صغيرة كمون مطحون

- الملح والفلفل الأسود المطحون الطازج

- بقدونس طازج مفروم، للتزيين

الاتجاهات:

(a)   ذوب الزبدة في قدر على نار متوسطة إلى منخفضة. أضف البصل ومسحوق الكاري وطبخ حتى تصبح الجزرة طرية ولين إلى صوص الدجاج. قلب مرقة من كوب $\frac{2}{3}$ في ضجة. أضف 5 دقائق. والجزر يهطي وأضف الحرارة إلى متوسطة-منخفضة وطهيها تحت الغطاء لمدة 20 دقيقة.

(b)   أخرج الخضار من المقلاة باستخدام ملعقة مثقوبة وهو مسهرها في محضرة الطعام أو الخلاط. أرجع إلى المقلاة وأضف المرقة المتبقي وتركه حتى يغلي.

(c)   أضيفي الكينوا، خفف الحرارة وتركها على حرارة هادئة، على نار مغطاة، على نار متوسطة إلى منخفضة تحت تنضج الكينوا، من 12 إلى 15 دقيقة. أضف الكمون ويثبت لبل حسب الغرض. الملح والفلفل. يزين بالبقدونس.

118

45.الفاصوليا السوداء والكينوا بالفلفل الحار

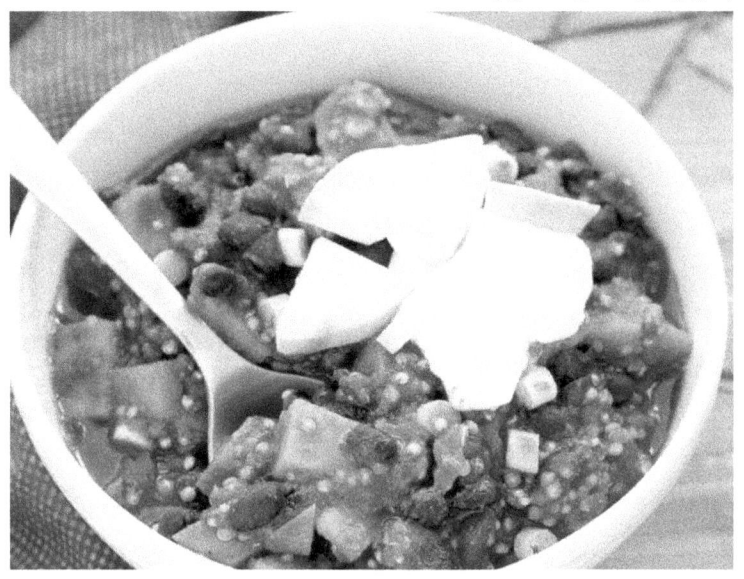

مكونات:

- 1 كوب كينوا؛ تشطف وتصريفها
- 1 ملعقة كبيرة زيت نباتي
- 1 بصلة كبيرة مكعبات
- 1 فلفل أخضر حلو؛ المصنف
- 1 كوب كرفس المفروم
- 1 فلفل الهالبينو؛ المصنف و
- 2 طماطم؛ محفور ومكعبات
- 1 كوب جزر مكعبات
- 32 أونصة من الفاصوليا السوداء المعلبة؛ المصفاة والمعلبة
- 28 أونصة من الطماطم المهروسة المعلبة
- 1 ملعقة كبيرة بقدونس مجفف
- رشة كمون ، أوريجانو ، وفلفل أسود ، ملح
- 4 بصل أخضر المفروم

الاتجاهات:

(a) يحمى الزيت في مقلاة؛ يُضاف البصل والفلفل والحلو والكرفس والجلابينو. يقلى على مدة 7 دقائق. يُضاف الطماطم والجزر الطازجة. يقلى على مدة 3 إلى 4 دقائق على نار متوسطة. أيضا يُضاف الفاصوليا والطماطم المطحونة والكينوا. يهطى على مدة 25 دقيقة على نار خفيفة.

b) يُغرف الفلفل الحار في أوعية ويُضاف إليه البصل الأخضر إذا رغبت في ذلك. يجعل 8 حصص

46. اونيكلاو ريعشلاب جاجد

تكونام:

- 3 صدور جاجد من موزعة الجلة الوادلعلم ظم
- 3 أكواب بامء؛ مقسم
- $\frac{3}{4}$ كوب من اللشعير المقشور
- كوب عبكين اونوا ربر
- قذولي؛ ملح
- 28 أونصة طماطم مقطعة أو مقطعة.

الاتجاهات:

a) في وعاء الفخار، ضع نصفين من صدور الدجاج، 2 درج مئوية من الماء، اللشعير (تحتاج إلى شطف الكينوا جيدا قبل إضافتها إلى وعاء الفخار)، المقتنوع، الكينوا مع بقية المفروم اللصير.

b) اضبطه على HIGH لمدة ساعتين (تحقق خلال هذا الوقت للتأكد من أن السائل لا يبرد)

c) بعد ساعتين، حرك المزيج وغيّر الإعداد إلى مستوى منخفض لمدة 3 ساعات أضاف اتلحم وأضاف كوب1و مامء.

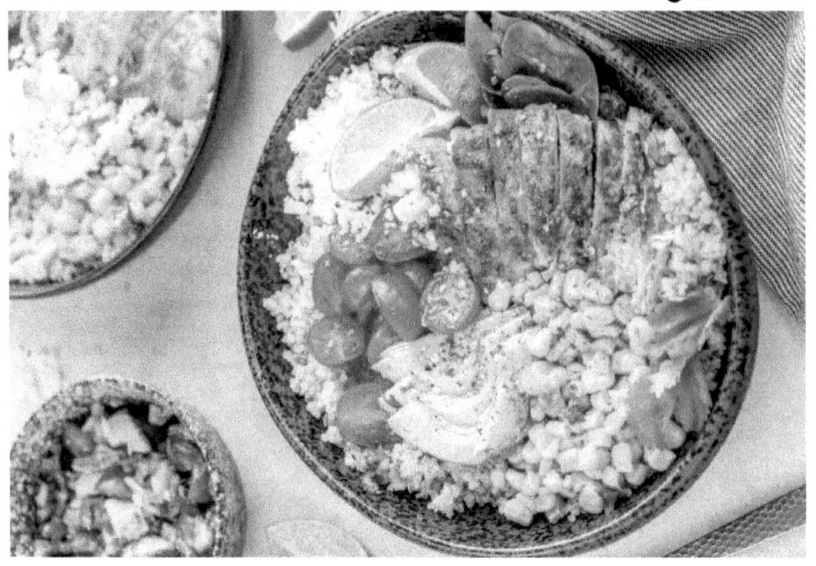

مكوّنات:

- 2½ كوب حبات ذرة مجمدة
- ¾ كوب أوروزو
- 1 كوب كينوا
- 10 أكواب ماء
- 4 ملاعق كبيرة مرقة دجاج خالي الدسم
- 4 صدور دجاج منزوعة الجلد والعظم
- 2 الكراث . الملفروم ذاناعما
- 1 فص ثوم؛ مفروم
- ½ ملعقة صغيرة زيت كانولا
- 2 ورق غار
- داش شعزتر أوريجان , بردقوش

الاتجاهات:

a) يطبخ شرائح الدجاج المحمرة في تيز في تيز الكانولا . يُضاف الكراث والثوم ويُطهى حتى لا يبدو لون الدجاج وردياً . يضع حبات الذرة والأوزرزو وعاء في الحساء .

b) أضف مرق الدجاج النباتي (أو مرق الدجاج الخالي من الدسم) والملاء وأوراق الغار والتوابل إلى الوعاء .

c) يُغلى المزيج ثم يُخفف ضض إلى درجة حرارة متوسطة . يطبخ لمدة 30 دقيقة .

125

48.اونيكلا عم راحملا

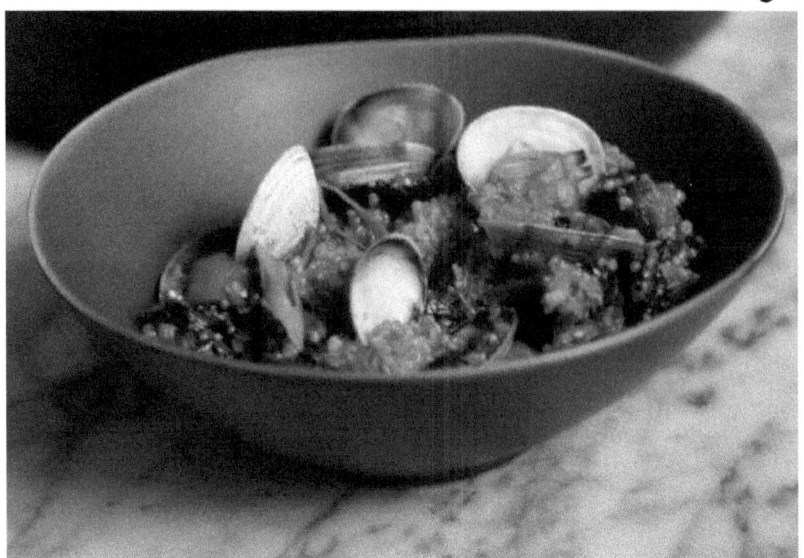

مكونات:

- 24 محمر صغير العنق
- $\frac{3}{4}$ كوب الكينوا
- 3 ملاعق تيزيت زيتون
- 1 بصلة؛ مفرومة فرما ناعما
- 4 فصوص ثوم؛ مفرومة فرما ناعما
- 2 هالابينو تشيليي
- 1 ورقة غار
- كمون مطحون ، فلفل، ملح
- 1 ملعقة كبيرة معجون طماطم
- 8 حبات طماطس وردة حمراء صغيرة؛ أرباع
- 1 كوب نبيذ أبيض
- 2 فص ثوم؛ مقطعة
- 1 فلفل أحمر

الاتجاهات:

(a) . بالتقليب يومي القوقعة للصبي أفيضي إلى منخفضة. أضضتة متوسطة إلى على نار الزيتون تسخني بالتقليب. أفيضي معجون الطماطم، والفلفل والكمون، والغار، وورق الغار ، والفلفل الحار، والثوم، أفيضي ثم والملح المفروم، والطباطس ويُحرَّك مع المزيج معًا.

(b) يُسكب 4 أكواب من نصف من عصير المحمار ثم يُحفظ على كترك حرارة خفيفة وطيهي على نار مدة 25 دقيقة إضافية مع التحريك من كثير حين لآخر. أضافي الكينوا وطيهي مدة 10 دقائق.

127

c) في قدر كبير آخر، قم بتقليل النبيذ الأبيض إلى النصف على نار متوسطة. يُضاف الثوم والملح ورقائق الفلفل والفلفل الأحمر المقطع ونصف الكوب المتبقي من عصير المحار ويطهى لمدة 5 دقائق مع التحريك من حين لآخر.

d) أضف القطع الصغيرة لمدة 15 دقيقة.

49.اريفاميرب اونيكلا ةميرك

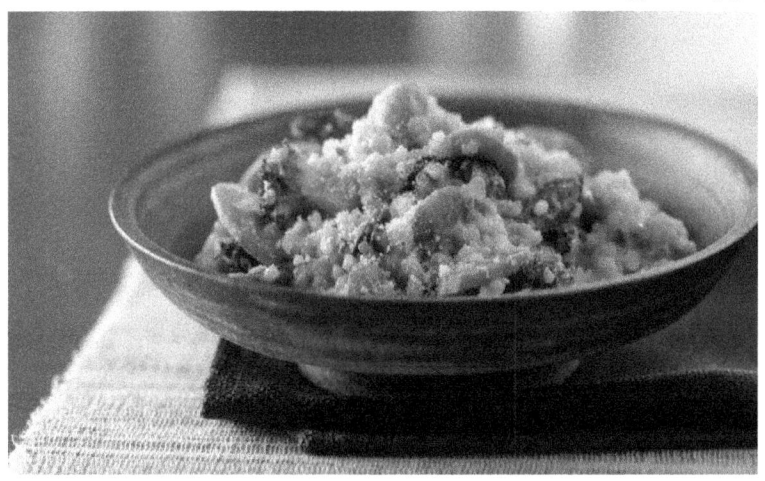

العائدة: 1 حصة

مكونات:

- 1½ كوب كينوا غير مطبوخة
- 3 أكواب مرق دجاج
- 2 أوقية جبنة كريمية
- 1 ملعقة كبيرة طازجة مقطعة
- 2 ملعقة صغيرة سمن أو زبدة
- 2 فص ثوم؛ مفرومة فرماً ناعماً
- 5 أكواب خضروات متنوعة
- 2 ملعقة كبيرة جبنة رومي مبشورة

الاتجاهات:

(a) شطف الكينوا جيداً بالوعُة. سخني الكينوا والمرق حتى يغلي في قدر سعة 2 لتر. خفض الحرارة. غطي وترك على نار خفيفة لمدة 10 إلى 15 دقيقة أو حتى يمتص كل المرق. أضيفي الجبن الكريمي والريحان.

(b) ذوب السمن في مقلاة غير لاصقة متوسطة على نار متوسطة على بوصة 10 مقاس. أضف الثوم في المقلاة لمدة 30 ثانية تقريباً، مع التحريك بشكل متكرر، حتى يصبح ذهبي اللون. عالية. يطهى.

(c) ضجة في الخضار. يطهى لمدة دقيقتين تقريباً مع التحريك للخضار حتى تصبح الخضار طرية. إمزج الخضار وطيلي الكينوا. رشي الجبن الرومي.

130

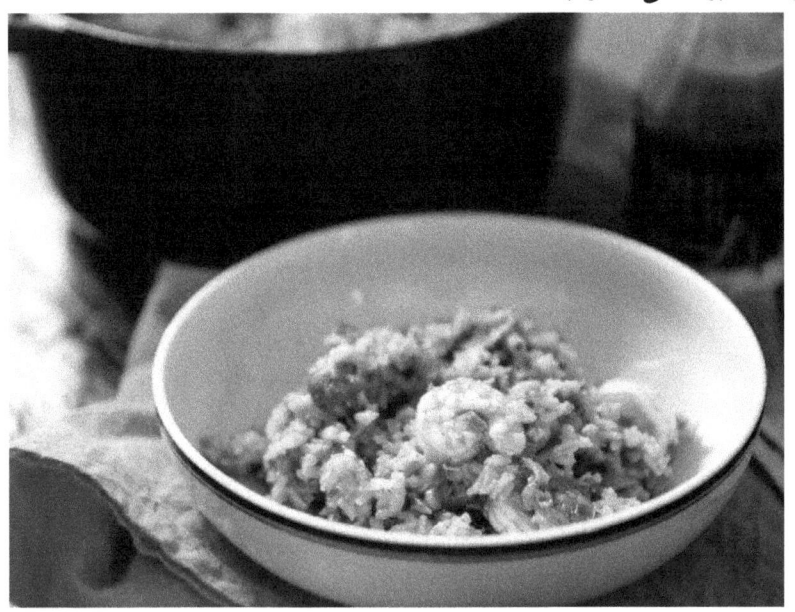

مكوّناتك:

- 1 ج تحتى الكينوا
- ملح
- 1 ملعقة كبيرة زيت تيزون
- 1 بصلة؛ مفرومة فرمة ناعما
- 3 فصوص من الثوم؛ مفروم
- $\frac{1}{2}$ فلفل أحمر
- $\frac{1}{2}$ فلفل أخضر حلو
- 1 طماطم حادّة؛ مفرومة فرمة ناعما
- كمون مطحون، أوريجانو ومجفف
- ذنيب أيضا جاف
- صلصة الطماطم
- 2 ورق الغار
- الملح والفلفل المطحون الطازج
- 1 ج فاصوليا سوداء مطبوخة (اختياري)
- $\frac{1}{4}$ ج قدونس طازج ؛

الاتّجاهات:

(a) يُغلى الماء ويُضاف الملح حسب الرغبة يُضاف الكينوا ويُقلب.

(b) يُنخّن الزيت في مقلاة كبيرة غير الصقة

(c) يُضاف الطماطم والكمون والأوريجانو وتُهطى مدة قدقيقة. تُضاف الثوم والفلفل والصلصة يفيض أضاف الذنيب أو مرق الدجاج ويُغلى واحدة. يُضاف مقة الملح.

132

d) ضجة في صلصة الطماطم وأوراق الغار .دنضج حتى تصبح الصلصة سميكة . يُضاف الكينوا المطبوخة والفاصوليا السوداء في حالة استخدامها ونصف كمية البقدونس. يُطهى على نار متوسطة لمدة 5 دقائق .

51.ةرذقلا اونيكلا ةصلص

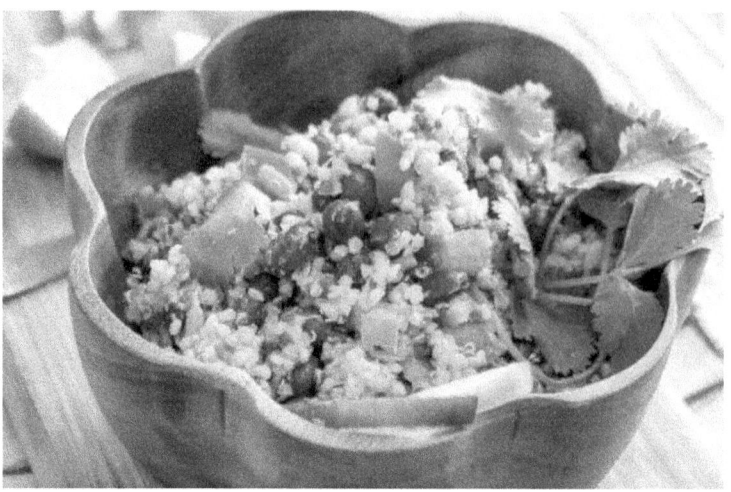

الاعائد: 4 حصص

مكونات:

- 1 كوب كينوا

- 1 ملعقة كبيرة زيت ذباتي

- 2 ملعقة كبيرة صل بصل مفروم

- 2 ملعقة كبيرة فطر مقطع

- 1 ملعقة كبيرة فلفل أخضر مفروم

- 1 ملعقة كبيرة كرفس مفروم

- 1 اناناجفار باياو

- 8 - أونونصة من كبد الدجاج

- 2 كوب مرقة دجاجة؛ ربما أقل

- 1 قدونونس مفروم؛ للتزيين

- 1 بصل أخضر مفروم؛ للتزيين

الاتجاهات:

(a) سخني مقلاة على نار عالية، وأضيفي الكينوا وحبوب التسوت، واسكبي عليها ملعقة خشبية، يُضاف الزيت، تخبيز لمدة 3 دقائق في قدر كبيرة، يُخْسن الزيت حتى تجف تحت فتحة انتحائها، ودائري، يُضاف المفروم، الطفل، الفلفل الأخضر، الكرفس، ياب وياطهو مع التقليب لمدة تحت كثيراً، ويُقلب الكبد يُضاف. لمدة 5 دقائق. يُضاف الخل مع اضاره وعناصرها. حتى يصبح جح طرياً.

(b) يُضاف المرق والكينوا المحمصة. يُعلى على المزيج ويُطهى ويُخفف الحرار إلى درجة منخفضة. اذا لبلواتلا طبضو قوذلا 15 دقيقة. دوالي، ويُطهى على نار خفيفة حتى تنتضج الحبوب، تُقيقد إذا لزم الأمر.

135

c) يقدم مزيانا بالبقدونس والبصل الأخضر.

52.فـلايب اونيكلا ندع ةنج

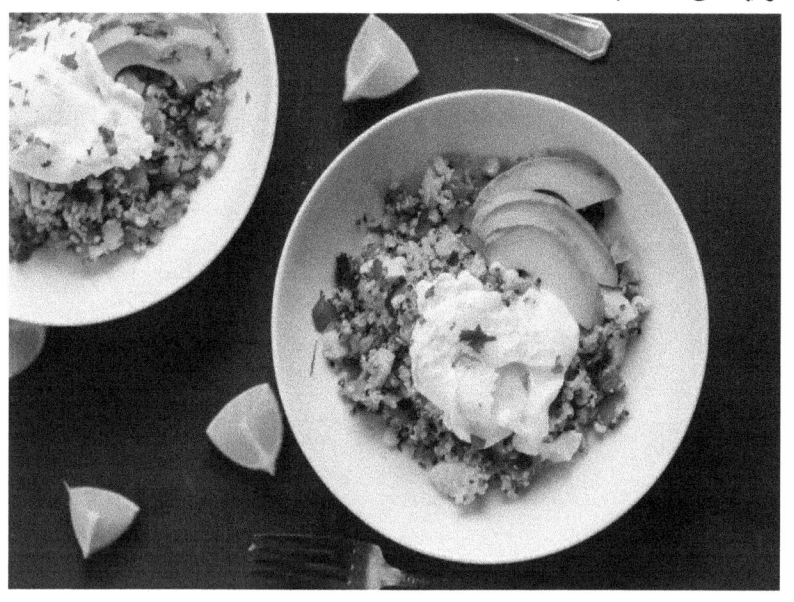

مكوناتك:

- 2 ملعقة كبيرة زيت ذرة
- 2 كوب كينوا
- $\frac{1}{2}$ ملعقة صغيرة قرفة
- $\frac{1}{4}$ ملعقة صغيرة من الهيل المطحون
- $\frac{1}{2}$ كوب صنوبر؛ أو اللوز المقطع
- $\frac{1}{2}$ كوب جزر مكعبات
- 1 كوب من البازلاء المقشرة؛ أو
- 1 كوب بازلاء مجمدة؛ إذابة
- ملح؛ لتذوق
- $\frac{1}{2}$ 3 كوب ماء ساخن

الاتجاهات:

(a) في طبق خزف يقلى أو مقلاة عميقة، قم بتحميص صنوبر الكينوا بالزيت على نار خفيفة حتى يصبح لونها بني ذهبي. أضف القرفة والهيل. احتفظ بهذا احتياطًا.

(b) يقلب. أضف المكونات المتبقية باستثناء الماء. يقيد. أضف مقدم 2-1 قيقة ويستمر في التحميص يقلب. ويرفع الكرفس حتى يغلي مع التحريك مرتين إلى ثلاث مرات. يقلي إلى مقدم 1 قيقة. أضف ماء إذا احتاجت.

(c) غطاء؛ اتركها على الحرارة تحت مقدم 20 دقيقة، أقيق، وتبدو الماء لكل عامل حتى يتم تصنيفه على البخار بيرة.

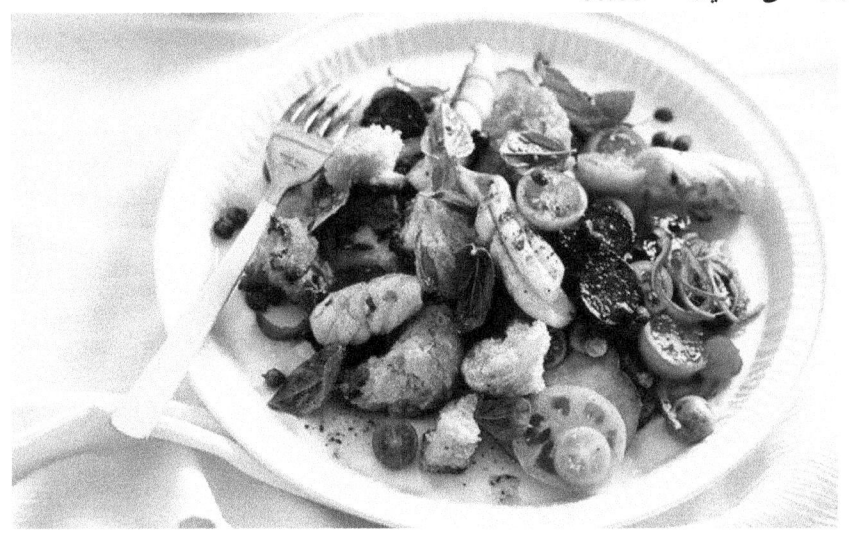

الوصفات: حصص 4

مكونات:

- 3 ملاعق كبيرة زبدة غير مملحة
- 1 كوب شعيرية مكسورة
- $\frac{1}{2}$ بصلة متوسطة مكعبات
- 6 أكواب مرقة دجاج
- 3 أكواب كينوا؛ الطويضة إذا اذا أمكن
- 2 ملعقة كبيرة زيت زيتون
- 1 بصلة متوسطة مقشرة ومقطعة جوليان
- 4 فصوص من الثوم؛ مقشرة ومفرومة
- 2 ملعقة صغيرة بابريكا إسبانية
- 1 ملعقة صغيرة كمون مطحون
- 4 فلفل رومي؛ أحمر و أصفر،
- 2 بوبلانو تشيلي ؛ محمص ومقشر
- 1 كوب مرقة دجاج
- 6 كبيرة روابط كوريزو

الاتجاهات:

(a) اصنع الكينوا. اذيبي الشعيرية فاضتُ. أضافي فاضتُ الشعيرية وتطهطى مع تحتلريك كثيرًا حتى تحتوحل المعكرونة إلى اللون البني الذهبي. أضيفي الصلب لبضع دقائق أخرى حتى يصبح الصلب طري وبيبدأ في اللون البني الذهبي. أضافي مرق الدجاج أو الماء واتركيه حتى يغلي ثمّ أخفضي حرارة الكينوا. اتحوحل إلى اللون الذهبي.

140

b) يُخسْن زيت الزيتون ويُضاف البصل المفروم والثوم ويطهى، ثم يُضاف الببريكا والكمون. يُطهى لمدة دقيقة واحدة . يُضاف الفلفل الحار والفلفل الأحمر ومرق الدجاج ويطهى لمدة دقيقة واحدة . يُضاف البصل المفروم والثوم ويطهى، ثم يُضاف الببريكا والكمون. يُطهى لمدة دقيقة واحدة . يُضاف الفلفل الحار والفلفل الأحمر ومرق الدجاج ويطهى لمدة دقيقة واحدة . يُطهى تترواح بين 10 و15 دقيقة أو حتى يتكاثف الخليط.

c) قم بطهي وصلات الكوريزو دوالي 8 إلى 10 دقائق على نار متوسطة الحرارة . .

141

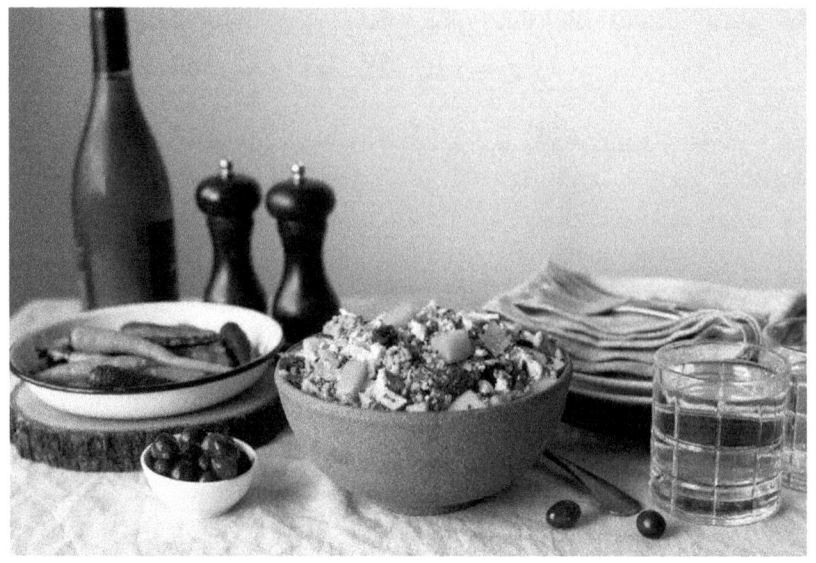

مكوّنات:

- ½ كوب كينوا
- 4 أكواب ماء
- ½ ملعقة صغيرة ملح
- 1 لفت متوسطة؛ مقشرة ومكعبة
- 4 حبات جزر متوسطة
- 1 روتاباجا صغيرة؛ مقشرة ومكعبة
- 1 كوب من القرع المقشر والملفطع إلى مكعبات
- 1 ملعقة صغيرة زيت زيتون
- 1 بصل أصفر صغير؛ مكعبات
- 1 فص ثوم كبير؛ مفروم
- ربع كوب من أوراق القريمة الطازجة المقطعة
- الملح والفلفل الأبيض

الاتجاهات:

(a) يُغلى المرق ثمّ يُخفّض على نار هادئة. تُضاف قطعة الكينوا الكبيرة مع الماء والملح. يُطهى على حتى ينضج (حوالي 10 دقائق). ويُفصّى، ويُشطف بالماء البارد، ويُترك جانباً.

(b) يُقلى اللفت والجزر واللفت والقرع ووعاء كبير باستخدام مرقة الخضراوات. تُطهى على البخار لمدة تتراوح بين 7 إلى 10 دقائق، أو حتى تنضج الخضار على البخار.

(c) في مقلاة كبيرة غير الصقة، يُقلى البصل على الزيت حتى ينضج البصل، لمدة 4 دقائق تقريباً. تُضاف أوراق القريمة وتُطهى حتى تصبح غير لون البصل حتى تجف وراءها، لمدة دقيقة إلى دقيقتين.

143

d) أضيفي الكينوا والخضراوات إلى المقلاة واخلطيها جيداً حتى تمتزج. أضيفي الملح والفلفل حسب الرغبة، وسخنيه إذا لزم الأمر، ثم قدميه ساخناً.

55.يخنة لحم الضأن بالكينوا

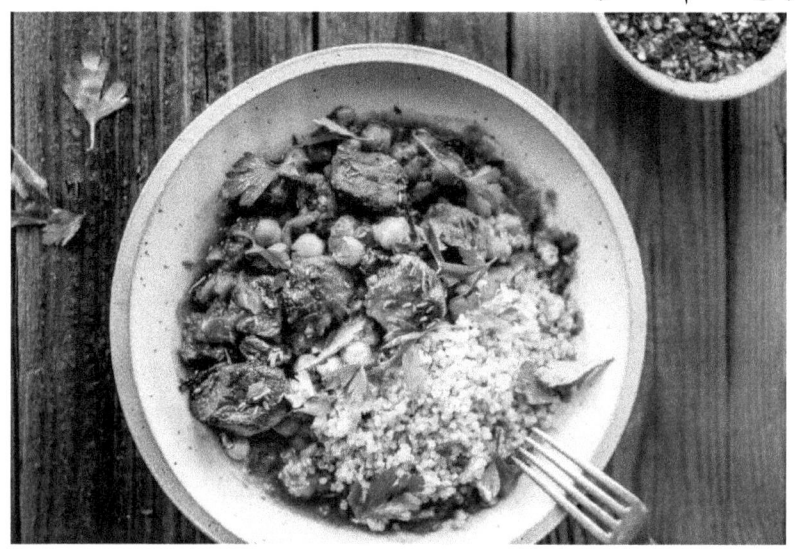

مكونات:

- جنيه 1 $\frac{1}{2}$ طماطم برقوقية
- جنيه 1 باذنجان متماسك
- ربع كوب زيت زيتون
- 2 فلفل رومي أحمر
- 2 بصل أصفر
- 1 بصل أحمر،
- 3 جزر كبيرة
- 2 جنيه كتف خروف خالي من العظم
- 1 رطل من القرع من الجوز،
- عيدان فرفة ، كمون ، زنجبيل ، هيل ، هراات
- 6 أكواب مرق دجاج
- $\frac{3}{4}$ كوب كينوا، مغسولة جيداً

الاتجاهات:

(a) تُحمَص الخضار في الثلثين الأوسط والسفلي من الفرن لمدة 20 دقيقة

(b) بينما يتم تحميص الخضار، حان أفضل البني

(c) يُضاف الزيت إلى الغلاية ويطهى على القرع والهبارات على نار متوسطة مع التحريك حتى يُغلى على الملمق. القرع الخضار وأضيفي الغلاية إلى أفضل البنية وأديري دقيقتين. أضيفي محل أفضل إلى الغلاية ويطهى وحرك على نار خفيفة تحت غطاء لمدة ساعة.

146

d) يُضاف الكينوا ويطهى على نار خفيفة دون غطاء مع التحريك من حين لآخر لمدة 30 دقيقة.

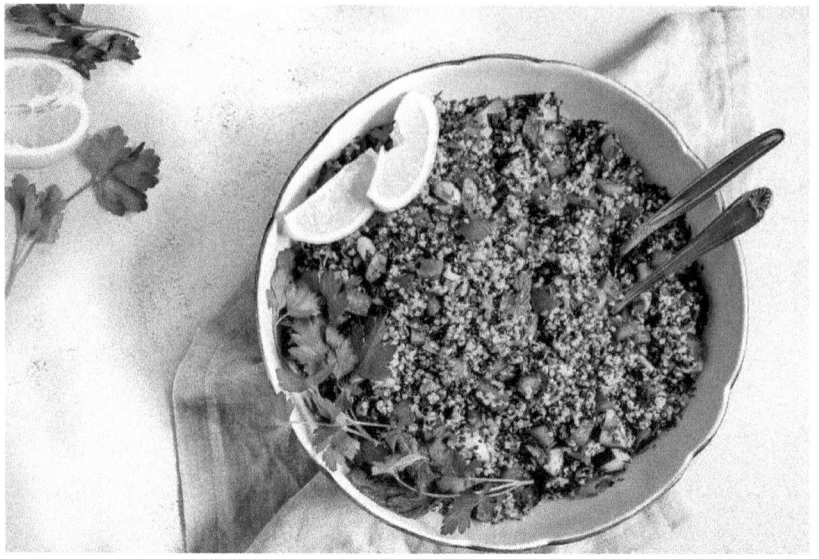

مكونات:

- 1 كوب كينوا
- 1½ ملعقة كبيرة زيت زيتون نباتي
- ماء
- ¾ ملعقة صغيرة بودرة شوم مجفف
- ½ ملعقة صغيرة زعتر مجفف
- ¼ ملعقة صغيرة إكليل الجبل المجفف
- 3 ملاعق كبيرة من البقدونس المفروم الطازج
- 2 ملعقة كبيرة عصير ليمون طازج
- ¾ ملعقة صغيرة ملح
- ½ ملعقة صغيرة قشرة ليمون مبشور
- ¼ ملعقة صغيرة فلفل

الاتجاهات:

(a) على متوسط حرارة إلى عالية، ينخفض الزيت في قدر سعة 2 لتر. تُضاف الكينوا المشطوفة إلى القدر ووطّه حتى تحترك مع صدر الكينوا أصواتاً متشققة وفرقعة، لمدة 3 من إلى 5 على متوسط حرارة. أضف الماء، والبقدونس، والزعتر، وإكليل الجبل على غليّ. خفيّف. غطّ القدر بإحكام واتركه على نار خفيفة تحت الغطاء لمدة 15 دقيقة.

(b) يُضاف البقدونس عصير الليمون والملح وقشر الليمون والفلفل.

(c) ينضج، مغطى، لمدة 5 دقائق أطول. غرّب بالشوكة.

57.فيوورکيملا يف اونيكلا فلايب

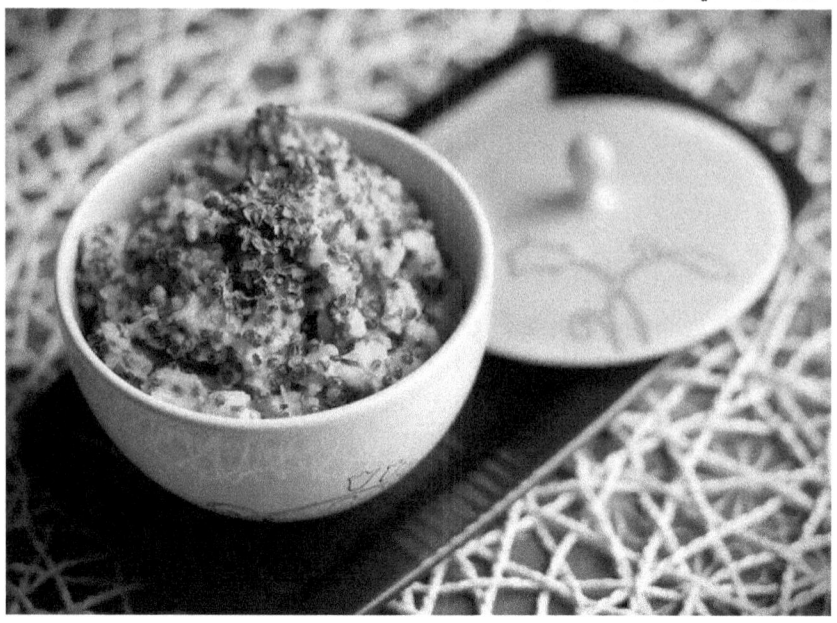

مكوّناتً:

- كوب ¼ فلفل أحمر حلو؛ مكعبات
- 2 فص ثوم؛ مفروم
- 1 بصلة صغيرة مقطعة المفروم
- ¾ كوب بيكن نيئ
- 1½ كوب مرق مخ اضر

الاتجاهات:

a) يضعي الفلفل والثوم والبصل و زيت السمسم في وعاء زجاجي سعة 4 أكواب.

b) الميكروويف غير مكشوف على درجة حرارة عالية قدمة دقيقتين ويقلب. أضيفي الكينوا والملمر قرة. وضعيه في الميكروويف على نار ذاتية عالية قدمة 5 دقائق مع النحليك مرة واحدة. على درجة متوسطة (50%) لمدة 15 دقيقة

c) ضعيه في الميكروويف على نار ذاتية عالية قدمة دقيقتين أخريين أو حتى يمتص السائل. يجب أن تكون الحبوب لؤلؤية، مع مخطط أيضًا مرض مرئي.

d) اغرب بالشوكة.

151

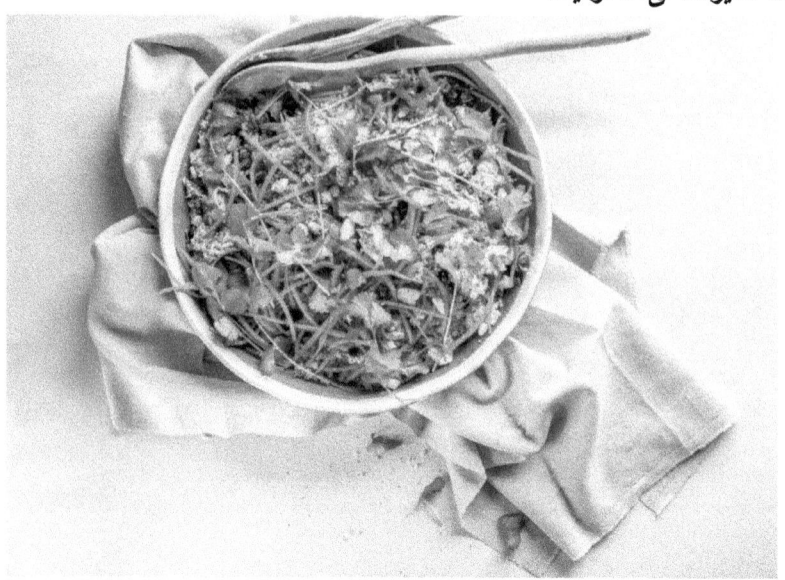

صص 4 :دئاعلا

مكوناتها:

- 1 كوب صمحمص مسلوق
- "قطعة 1 2 أشعب حديرة كومبو، مسلوقة
- 3 حبات لصص غيرة؛ أرباع
- 1 كوب طعة رزج على طعق عم
- 1 كوب تفلللا. طعة على طعق عم
- 1 معلقة صغيرة حلم بلبحر
- 2 ثوصص فه
- 1 ورقة غار و
- ¼ معلقة صغيرة صص كموم نو
- الفلفل؛ لتيذوق
- 2 معلقة كبيرة زيز توتين نو
- 2 كوب بروفلوم بروكسل كامل
- 2 كوب كينونا ، مغسولة

الاتجاهات:

a) ضعي البصص لجر رز والفلفت فوق قص صمحمص وأفيضي بكميةكافيةت من الماء أو مرقلقتغطيةا الخضاراطق فقة. أضيفي الملحوالثوموالكموكناوالفلفلن لزيت وتيرك على غيةحدماك اضطعي إضافيقةئاقد 10المدة تهيهماطاسكسورل بروع بمعارب فسي أض. يغلي.

b) نسخنمقلاة قيقة وأفيضي مع الاحتيرك المستمر، اونيكيا احدصمي المدة 10قةئاقد. يزيت، لى ادكرتلحيفةتقيقة خدمة على ذا ركرتكوي يعطى على الملغرمي ليمغا ملى إ ف أضاي نخفض قيقة. 20 إلى 15المدة.

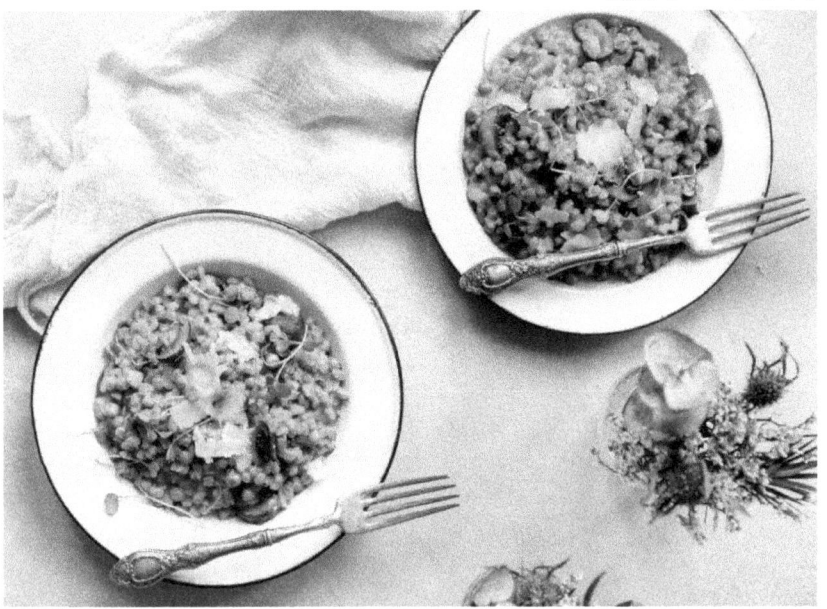

مكوناتك:

- 2 ملعقة كبيرة زيت زيتون
- 1 جنيه فطر أبيض
- 1 ملعقة كبيرة ثوم مفروم
- ربع كوب من البقدونس الإيطالي الطازج المفروم
- الملح والفلفل المطحون الطازج حسب الذوق
- 2 ملعقة كبيرة زيت زيتون
- 1 كوب كسكس
- 4 أكواب مرقة دجاجة قليلة الصوديوم
- ½ ملعقة صغيرة كركم مطحون
- 1 كوب كينوا ، مغسولة
- 1 كوب صلصل أخضر مفروم ناعماً
- 2 كوب بازلاء صغيرة مجمدة
- أوراق البقدونس الطازجة للتزيين
- جبن بارميزان طازج، مبشور حسب الرغبة

الاتجاهات:

a) يُسخن زيت زيتون ويقلى الفطر الأبيض مع الثوم حتى تحمر قليلاً. أضيف البقدونس حسب الرغبة بالملح والفلفل. في قدر ثقيل، يُسخن 1 ملعقة كبيرة زيت زيتون، يُقلى الكسكس مع تحريك يُغطى البقدونس حتى يُثبت حسب الرغبة بالملح والفلفل، يُقلى الكسكس مع تحريك حتى يُغطى زيتون.

b) أضاف كوب واحد من المرق من المغلي والكركم.

c) تُسخن 1 ملعقة كبيرة زيت زيتون ويقلى الصلصل الأخضر

156

d) . ءلازابلاو قرملاو سكسكلاو رطفلا يفيضأ . ةقطشملا اونيكلا يف ةجضد

المكونات:

- ملعقة كبيرة زيت زيتون 1
- 4 أونصات دبك اللجاج. مفرومة فرمة ناعما
- 1 كوب صل مفروم
- $\frac{3}{4}$ كوب كرفس مقطع
- $\frac{1}{2}$ كوب فلفل أخضر حلو مقطع
- 2 ملعقة كبيرة ثارك مقطع
- $\frac{1}{2}$ رطل من لحم الخنزير المقدد على الطريقة الكندية؛
- 2 ف صص ثوم كبير؛ مفروم
- 1 ورقة غار
- 3 أكواب الكينوا؛ مشطف
- 1 ملعقة كبيرة صلصة سستيريشاير
- 2 ملعقة صغيرة تواب الكريول
- $\frac{1}{4}$ ملعقة صغيرة صلصة حارة
- 27$\frac{1}{2}$ أوقية مرقة دجاج أو دقة
- $\frac{1}{2}$ كوب صل أخضر مقطع

الاتّجاهات:

a) سخني زيت الزيتون في قدر كبيرة على نار متوسطة إلى منخفضة. تُضاف دبك اللجاج وتُقلّى على المدة 4 دقائق أو حتى تنضج. أضف البصل والملح والمكونات الستة التالية،

159

b) مقلي لمدة 3 دقائق أو حتى تصبح الخضار طرية. أضيفي الكينوا واطهيها لمدة دقيقتين مع التحريك باستمرار. أضف ⅓ كوب ماء والمكونات الأربعة التالية؛ جلب ليغلي.

c) ازالة من الحرارة؛ تخلصي من ورق الغار، ثم أضيفي شرائح البصل الأخضر.

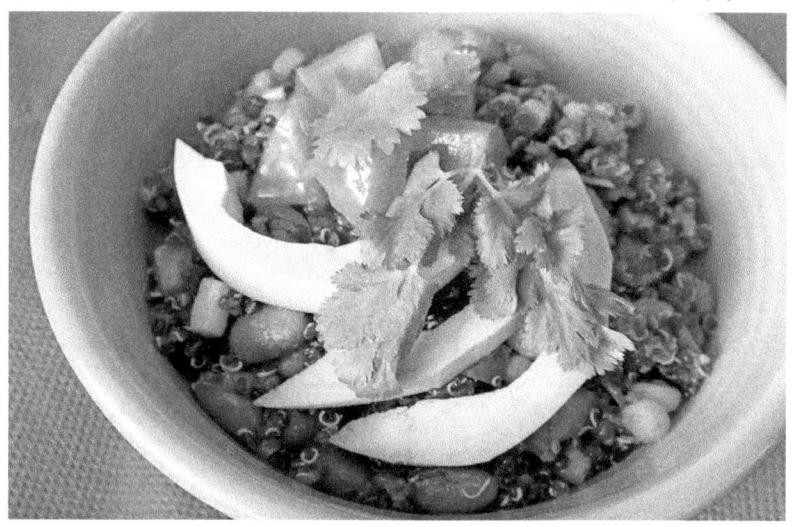

الوصفة 1: صلصة حارة

مكونات:

- 3 أكواب من الفلفل الأحمر الرومي والبصل المقطع
- 3 أكواب فاصوليا بينتو مطبوخة
- 2 كوب كينوا؛ تشطف جيداً لإزالة الطلاء اللاذع المر
- 2 كوب ذرة حلوة مجمدة
- 4 ثوم
- 2 ملعقة كبيرة مسحوق الفلفل الحار
- 1 ملعقة صغيرة بذور كمون مطحونة
- 2 ملعقة صغيرة أوريجانو مطحون
- 1 ملعقة صغيرة ملح

الاتجاهات:

(a) يُقلى، أضف ملعقة كبيرة من زيت الزيتون على ذلك حتى ينضج معظم الماء، لا حاجة للزيت، قلّت، تُخلط الخضار الطازجة في السلانا الخاص بها، يُذوب مزيج الفلفل والبصل في مقلاة كبيرة أو فرن هولندي، إذا كنت تستخدم المجمدة، تُقلى

(b) أضف جميع المكونات. أضف تقيدة مدمة تقيدتين إضافيتين. وقلّبي مدمة قيدة أو تقيدة إضافية بالأعشاب والبهارات، أضيفي الأخرى، وحركها على نار هادئة، ثم غطيها بشكل غير محكم واتركها على نار خفيفة قدمة 20 دقيقة تقريباً، ثم أزل الحرارة واتركها مغطاة قدمة 10 دقائق أخرى.

162

62.اونيكلا ةوشحب سونلابوب

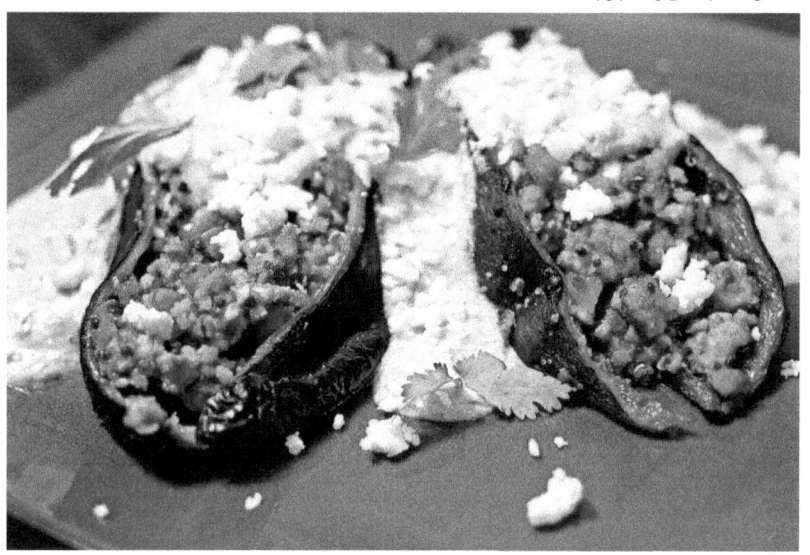

الطعام: 8 حصص

مكونات:

- حبات متوسطة فلفل بوبلانو
- 4 أكواب مرقة دجاج قليلة الصوديوم
- 2 كوب كينوا
- 2 ملعقة كبيرة زيت زيتون
- 3 جزر صغير مكعبات
- 1 بصل أحمر متوسط؛ مكعبات
- 1 كوب من الجوز المفروم؛ محمص
- 2 ملعقة كبيرة من الأوريغانو والطازج؛ مفروم
- 6 أونصات جبن ماعز طري؛ اهنا؛ يتراث
- $\frac{1}{2}$ ملعقة صغيرة ملح
- ربع ملعقة صغيرة من الفلفل المطحون الطازج
- صلصة أنشوش شيلي

الاتجاهات:

(a) كُرَّحُيو الكينوا ويُضاف مجحلم، ومتوسطة قدر في المرقة على غليُ. على ىهها بب اغال. زا اغال شواء بوبلانو وعلى اضدارة، ثُم تُخفّض الحرارة حتى ينضج.

(b) سخني الزيت في الجلي الفيضي والبصل. طبخ. جخب

(c) نقل الجزر رز إلى الكينوا. ويُضاف الجوز والأوريغانو والبجن والملح والفلفل لكل الأما. نخني الفلفل في خزف قطبخ في ترتيب. الكينوا. حبة فلفل بخليط الكينوا داخئي، سخني حتى صيصح الفرن في الفلفل. ويصبح سطحه قشرية لأيالا، لمدة 30 إلى 20 دقيقة.

164

d) . ةصلصلا هب طيحتو ،قبط لك ىلع لفلفلا بترت .ميدقتلل . يليشت وشنأ ةصلص عنصا

63.اونيكلا محل

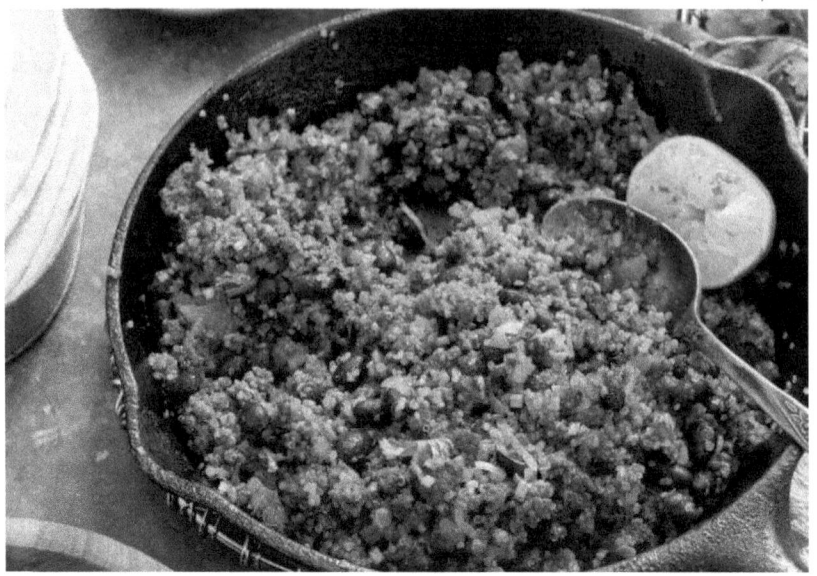

العائد: 4 حصص

مكونات:

- 1 كوب كينوا ، مغسولة ومطبوخة
- نصف علبة لحم البقر قليل الدهن بنكهة اللحم
- ½ بصلة كبيرة مكعبات
- 2 فص ثوم؛ مفروم
- ½ فلفل أحمر مكعبات
- 1 كوب ذرة مجمدة
- مرق الخضار أو النبيذ للقلي
- ½ ملعقة صغيرة كمون مطحون
- ¼ ملعقة صغيرة فلفل حريف
- ¼ ملعقة صغيرة فلفل أسود مطحون
- ملح للتذوق

الاتجاهات:

a) في فرن هولندي غير لاصق، يقلى البصل والثوم في مرق الخضار لمدة دقيقتين إلى ثلاث دقائق. أضف اللحم البقري قليل الدهن.

b) أضف المكونات المتبقية (ما عدا البهارات) إلى الفرن الهولندي وحركها أثناء الطهي. أضف الكينوا. أضف الأعشاب والبهارات واطهيها لبضع دقائق إضافية لتليين البقدونس.

64. حشوة الكينوا والفواكه

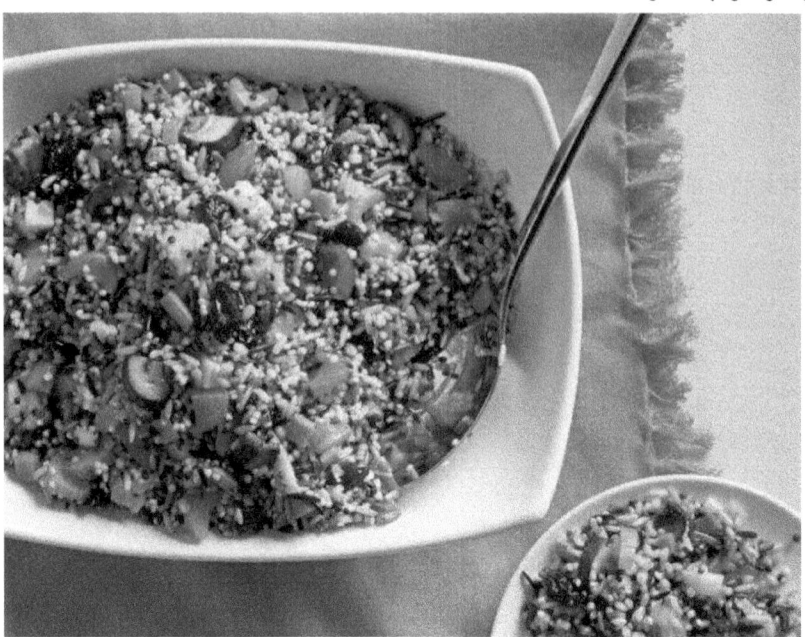

الاعتائد 5 أكواب

مكونات:

- ربع كيلو سجق لحم خنزير
- 1 بصلة كبيرة مفرومة، مفرومة ناعماً
- 1 فص ثوم (كبير)، مفروم
- 1 تارات أخذ حاضر كبير
- 1 متوسطة الكمشى ناضجة مقشرة ومقطعة إلى مكعبات
- 1 برترقاة السرى كبيرة
- ⅔كوب زبيب مجفف
- ⅔كوب من اللوز المحمص
- 1 ملعقة كبيرة قرار أو زعتر
- 1 ملعقة صغيرة ذور كزبرة مطحونة
- 3 أكواب كينونيا مطبوخة

الاتجاهات:

a) في مقلاة كبيرة، اقلي النقانق المفتتة على نار متوسطة . اجلس جانباً

b) في نفس المقلاة، أضيفي البصل والثوم وقلبي . حضي في التلاحق والكمشى .

c) في البرتقال إلى قطع تفيهها مع باقي المكلونات، بما في ذلك النقانق درب لتضحيرها مسبقاً وضعها في الثلاجة المحفوظة. يُحرَّك الزبيج حتى يترتز ثم يطهى على مدة دقيقتين إضافيتين .وضعه في تبلد

169

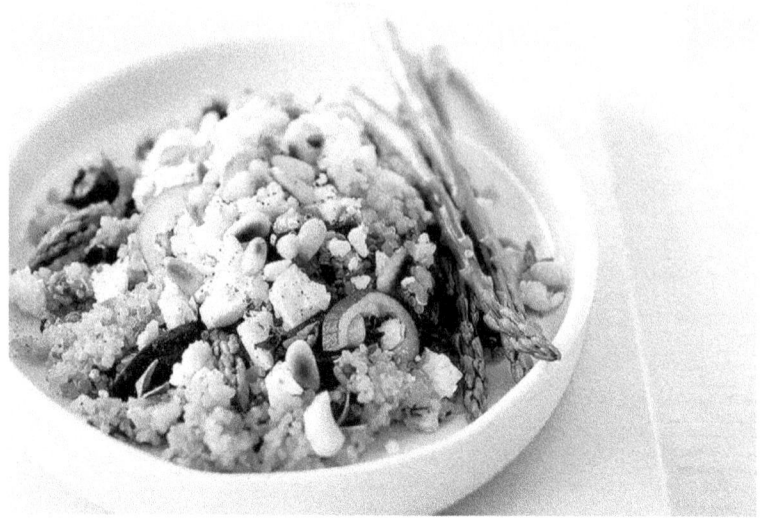

مكونات:

- ½ 1 كوب كينوا مطبوخة
- 2 ملعقة كبيرة زوج أو زز جوز البقان
- فرومة فرما ناعما
- 2 ملعقق كبيرة من ملبلبندق
- 2 ملعقة كبيرة فسق
- 2 أوارق قانعذ، مف، فرومة
- ½كوب زيت تيتون بكر ممتاز
- 3 ملعق كبيرة عصير ديلوم
- 1 ملعقة صغيرة فلفل أسود

الاتجاهات:

a) قم بدمج جميع المكونات في وعاء الخلط وحرّكها حتى تصبح جاهزة للاستخدام كحشوة أو طبق قانبي.

66.اونيكلا نجاط

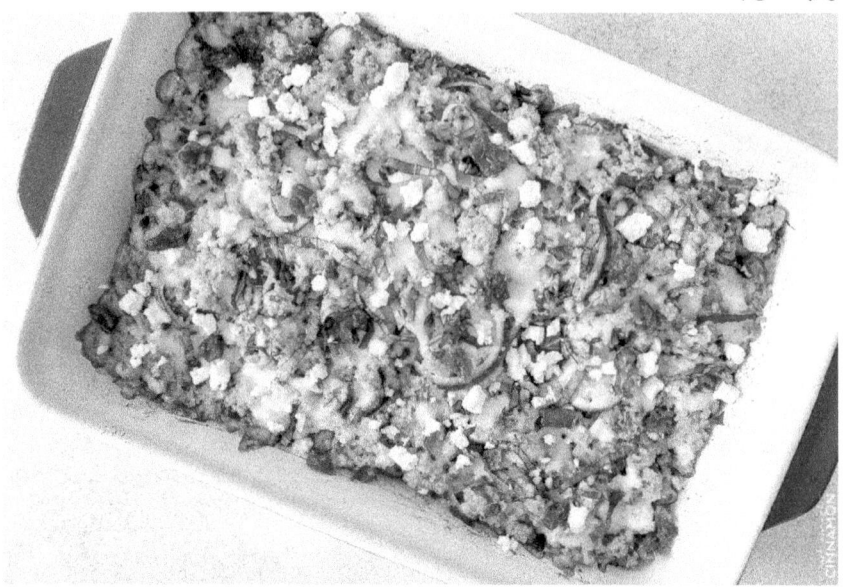

مكونات:

- 1 كوب تشتف الكينوا واللمحمصة _
- 1 ملعقة طعام زيت السمسم بالفلفل الحار
- 1 بصلة متوسطة مفرومة
- 1 فص ثوم مقشر ومعصور
- 2 ملعقة صغيرة كاري (اختياري)
- 1 كوب كرفس، مفروم
- 1 حفنة من البروكلي؛ المفروم
- 1 طماطم؛ المفروم
- 3 ملاعق كبيرة إيدنشوي
- 2 ملاعق كبيرة من خل الأرز الأبني

الاتجاهات:

(a) قم بدشوي الكينوا المغسولة في المقلاة حتى تنفجر. ضع بعض الكينوا في طبق خزفي وأضيفي إضافياً. أضافشف البصل حتى يصبح شفافاً وأضيفي الكرفس والقرنبيط والطماطم ويقلى حتى إلى إضافياً وجيزة ثم تفلذ فترة قزيرة اضافياً. اضف شويو الكينوا. وأضيفي الزيت واليقلي حتى يصبح البصل شفافاً. أضيفي المحمى الماما. أضيفي الكرفس والقرنبيط والطماطم ويقلى لفترة وجيزة ثم اضافياً إلى الكينوا. أضف شويو وخل الأرز الأبني.

(b) اخبزيها على حرارة 350 فهرنهايت لمدة 45 دقيقة

67. اونيكلا رايفاك

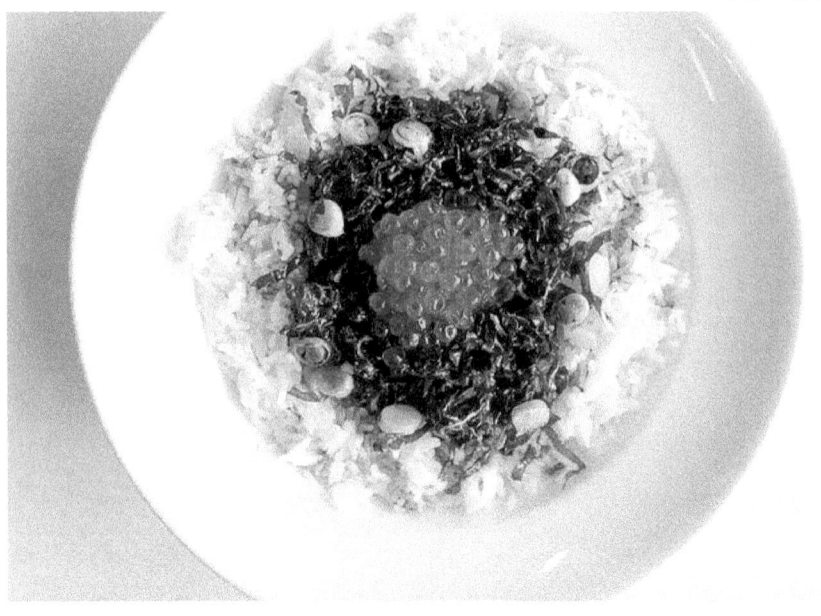

الطائد: 4 1/2 كوب

مكونات:

- 1 باذنجان صغير صند صغير (10-12 أو أونصة)
- 1 ملعقة كبيرة زيت زيتون بكر ممتاز
- 1 بصلة (صل)، مفرومة ناعماً
- 1 كوب بينوا ، مطبوخة
- 2 كوب ماء مملح
- 2 فص (ثوم)، مفروم
- 3 ملاعق كبيرة كزبرة، مفرومة
- 3 ملاعق كبيرة من نعناع البقدونس، المفروم
- 4 ملاعق صغيرة (إلى 5 ملاعق صغيرة) تمر اري
- 2 ملعقة كبيرة عصير ليمون أو حسب الرغبة
- الملح والفلفل حسب الذوق

الاتجاهات:

(a) . يُشوى الباذنجان على صينية خبز غير الصاقة لمدة 40 دقيقة

(b) ثم ،الجلد، ثقبت بعد على صرح مع الحلم اكشطي نصفين باطول. اقطع الباذنجان إلى نصفين ضعيها في محضرة الطعام مع الثوم والكزبرة والبقدونس والنعناع وعصير الليمون.

175

c) بإضافة التتبيل للتحضيح قم .الكينوا إلى الباذنجان طبق خلط فأضِيُّ. ناعمة عجينة إلى عصيره
عصير التمري أو الفلفل أو الليمون بحسب الرغبة.

d) . الباذنجان قشر في أخرى مرة "الكافيار" يُسكب

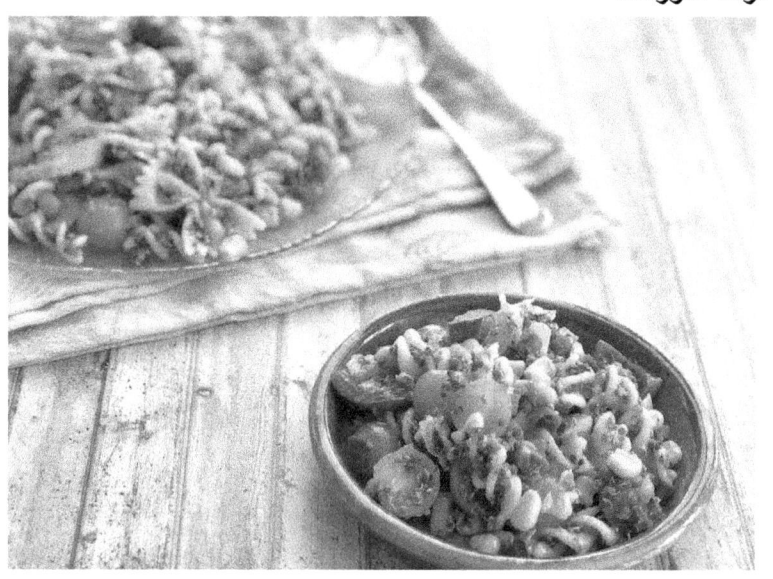

العائد: 1 حصة

مكونات:

- نصف كوب من دقيق الكينوا
- $\frac{1}{2}$ كوب دقيق الذرة
- ⅓كوب دقيق التابيوكا
- 1 بيضة
- 1 ملعقة كبيرة زيت نباتي، اختياري
- 1 ملعقة كبيرة ماء

الاتجاهات:

a) إذا هشت الطاغية وتنكسر بسهولة وقلوقة أثناء التحدج والبثق.

b) لا تقم بلفها بشكل رقيق جدًا واستخدم شكلاً أكثر سمكًا مثل التوتيليني بدلاً من السباغيتي

178

69.زوركاريف ةرذلاو اونيكلا

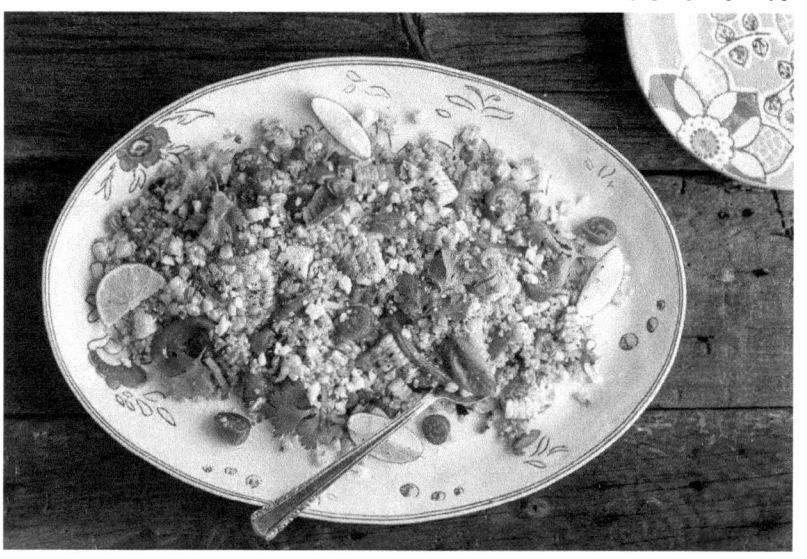

الوعاء: 1 حدصص

مكونات:

- ½كوب دخن كامل
- ⅔كوب كينوا ، مغسولة جيداً
- نصف كوب مرق خضار - أو ماء
- 1 كوب بصل مقطع
- 1 فلفل أحمر أو أخضر
- 1 ملعقة كبيرة ثوم مفروم
- 2 كوب طماطم مقطعة
- ¼ ملعقة صغيرة فلفل أحمر مطحون
- حبات من 2 آذان الذرة
- 1 علبة بازلاء مجمدة
- نصف كوب طازج مفروم خشناً رَيحان
- 2 ملعقة كبيرة قدونس طازج مفروم
- ½ ملعقة صغيرة ملح ، فلفل
- الفاصوليا ، مصافاة

الاتجاهات:

(a) نحمص الدخن في قدر صغيرة على نار متوسطة إلى عالية حتى يصبح ذهبي اللون قليلاً. نضيف الكينوا ونحرك على الحرارة وتاركهيا لتخفيف؛ خفف الغليان إلى درجة الوصول. أضف 1 كوب ماء حتى يخني الكينوا في قدر مع ½ كوب ماء حتى تحت. في هذه الأثناء، نخني إلى 30 إلى 25 المدة تنضج تنتنضج الغليان

180

b) يُغلى المرق في مقلاة كبيرة. يضاف البصل والفلفل الأحمر والثوم. يطهى حتى ينضج لمدة 5 دقائق. أضف الطماطم والفلفل الأحمر المطحون. يطهى حتى تصبح الطماطم طرية وعصيرية لمدة 3 دقائق. يُضاف الذرة والبازلاء والفاصوليا ويطهى لمدة دقيقة أخرى.

c) يُرفع عن النار ويُضاف الكينوا والدخن ويُقلب. يُضاف الريحان والبقدونس والملح والفلفل.

70.ايلاابماج اونيكلا

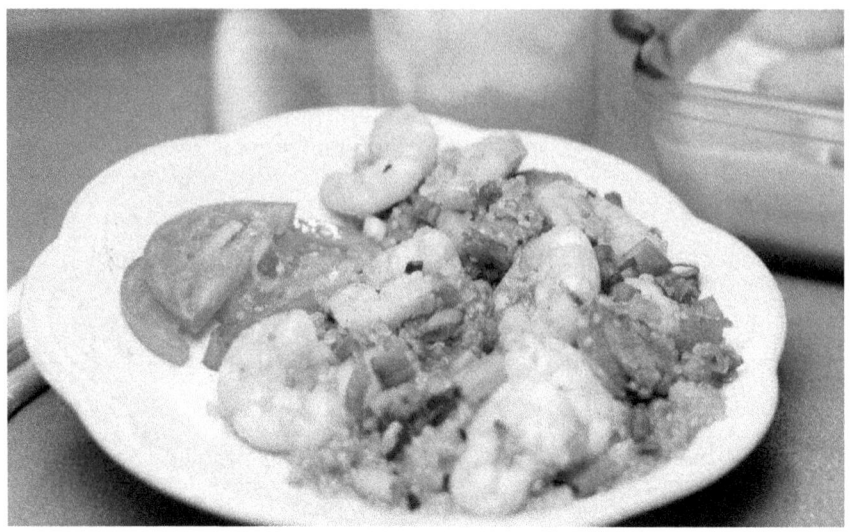

مكونات:

- 1 معلقة طعام زيت السمسم بالفلفل الحار
- 1 معلقة طعام طحين القمح الكامل
- 1 بصلة متوسطة مكعبات
- 1 فص ثوم؛ مفروم
- 28 أونصة طماطم مطحونة
- 1 ورقة غار
- $\frac{1}{2}$ معلقة كبيرة زعتر مجفف
- $\frac{3}{4}$ معلقة صغيرة من ملح البحر ريديام
- 1 كوب إيد ينكن اوناو؛ مشطف
- 1 فلفل أخضر مكعبات
- $\frac{1}{2}$ كوب قدونس، مفروم
- 1 كوب كرفس الملفروم
- 2 بصل أخضر؛ شرائح رقيقة

الاتجاهات:

(a)   يسخن الزيت في قدر ذات قعدر ثقيلة. يُضاف الدقيق ويحرَّك حتى تخرج رائحة عطرة (3 دقائق). يُضاف البصل والثوم وورق الغار والزعتر والملح. يُمزج على نار خفيفة ويطهى ويُطعم لمدة 10 دقائق.

(b)   أضف الماء إلى الخضروزن المخزون. صول إلى درجة الغليان. أضيفي أيضاً الكينوا والفلفل الأخضر والقدونس والكرفس والبصل الأخضر. يغطى ويطهى لمدة 5-3 دقائق أخرى.

183

c) أطفئ النار واتركها مغطاة لمدة 10 دقائق. أضف الفلفل. اخلط جيدا. يخدم.

71.ثاركلاو اونيكلا نجاط

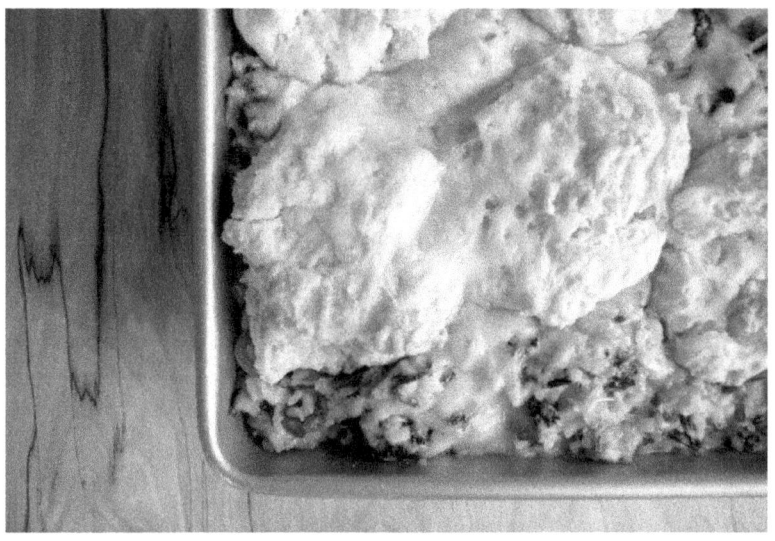

العائد: 1 طبق خزفي

مكونات:

- 2 ملعقة صغيرة زيت السمسم غير المكرر
- 1 فص ثوم؛ المضغوط
- 1 كراث؛ المفروم
- 2 كوب كينوا مطبوخة
- $1\frac{1}{2}$ كوب توفو مع إزالة الملعقة الماء الزائد
- نصف كوب حليب أو حليب الصويا
- 1 كوب فتات الخبز
- نصف كوب جبن مبشور

الاتجاهات:

(a) قم بقلي المكونات الثلاثة الأولى حتى تكتسب اللون البني الفاتح. أضف التوفو والكينوا، ونحرك الحليب، ونضيف من النار، رفعه عن النار. استمر في القلي مدة دقيقتين.

(b) هذه بطبق خزفي بقليل من الزيت ثم تغطيته بنصف كمية فتات الخبز. احتفظ بالباقي من فتات الخبز فوق الخليط.

(c) ضعي الخليط في طبق التقديم، ثم ضعي فوقه فتات الخبز والجبن.

(d) اخبزيها مغطاة مدة 20 دقيقة عند درجة حرارة 350 فهرنهايت.

(e) قم بإزالة الغطاء واترك الجبن حتى يصبح لونه بنياً. يتبل حسب الرغبة بالملح أو التمارير والفلفل

186

72.اونيكلا ةلاقم ءاشع

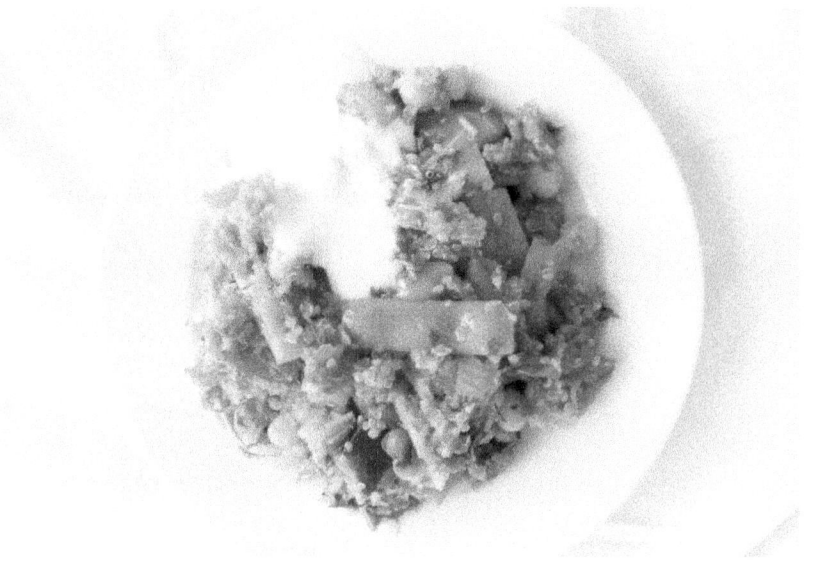

مكونات:

- 1 كوب كينوا
- 15 أوقية طماطم
- 15 أوقية من الفاصوليا المعلبة
- 15 أوقية هومينى
- $\frac{1}{2}$ ملعقة صغيرة من مسحوق الثوم
- $\frac{1}{2}$ ملعقة صغيرة من مسحوق البصل
- 1 ملعقة صغيرة بقدونس مجفف
- 1 ملعقة صغيرة ريحان مجفف
- $\frac{1}{2}$ ملعقة صغيرة زعتر مجفف
- $\frac{1}{2}$ ملعقة صغيرة ملح؛ أو أكثر حسب الذوق

الاتجاهات:

a)   اشطف الكينوا جيدا (سيكون مذاقها مرا إذا لم تفعل ذلك) واطهيها مغطاة على نار خفيفة لمدة 15 دقيقة في كوبين من الماء العليّ.

b)   تُضاف الطماطم والفلفل الحار والفاصوليا والهومينى والأعشاب والملح إلى الكينوا وتُخسَّن جيدًا.

c)   يُخدم.

188

73. فلفل محشو بالكينوا

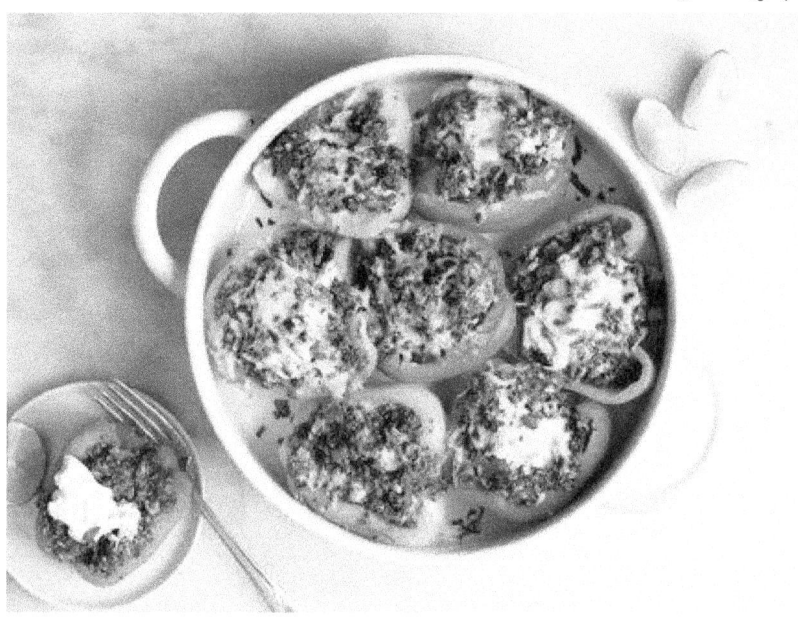

العائد: 5 حصص

مكونات:

- 1 كوب كينوا ، مغسولة ومسلوقة
- 4 كيرة أو 6 حبات فلفل أخضر متوسطة الحجم
- 1 بصلة متوسطة مكعبات
- نصف كيلو فطر طازج؛ مقطع إلى شرائح
- 2 ملعقة كبيرة زبدة
- 28 أونصة علبة طماطم
- 2 فص من الثوم؛ سحق
- 12 أوقية صلصة
- 2 ملعقة كبيرة شيري جاف
- 10 أوقية جبنة موزاريلا

الاتجاهات:

a) قم ببخار الفلفل الأخضر حتى يصبح طريًا ولكن ليس ضعيفًا؛ اجلس جانبا.

b) في مقلاة كبيرة، يقلّى البصل والفلفل في الزبدة. أضيفي الطماطم، فصوص الثوم والسلسا. يطهى على نار متوسطة لمدة 10 دقائق. أضف شيري. ينضج لمدة 10 دقائق أخرى. أضعاف في الكينوا.

c) ضعي الفلفل في طبق الخبز. املأ الفلفل بخليط الكينوا. سوف يستغرق هذا حوالي نصف الخليط. خففي الباقي مع العصير المحفوظ واسكبه حول الفلفل. رش الجبن على الفلفل. خبز في 325 فهرنهايت

74.يلكوربلاو اونيكلا

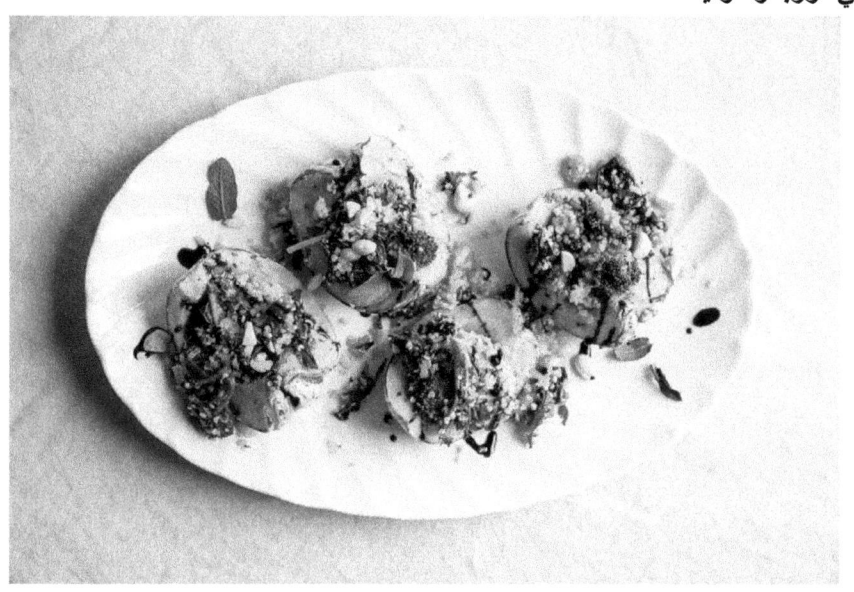

الطعام: 5 حصص

مكوناتك:

- 1 كوب كينوا

- 1 علبة (14 1/2 أونصة) مرق دجاج

- 2 ملعقة كبيرة زيت زيتون بكر ممتاز

- $\frac{1}{2}$ كوب لصبح مفروم

- 1 ملعقة صغيرة ثوم مفروم

- 1 حزمة كبيرة من البروكلي

- $\frac{1}{4}$ ملعقة صغيرة مفرومة

- $\frac{1}{4}$ ملعقة صغيرة رقائق فلفل أحمر

الاتجاهات:

(a) دحمص الكينوا مع الاحتكاك في مقلاة غير الصقة على نار متوسطة إلى منخفضة لمدة 5 دقائق. يُغلى المرق والماء في قدر متوسطة الحجم. ضجة في الكينوا.

(b) خفض الحرار إلى متوسطة منخفضة. غطى وتيركت على نار خفيفة لمدة 15 إلى 12 دقيقة. حتى يمتص الساكئل لكينوا وتصبح بغرغة الشوكة. نقله إلى وعاء كبير. تغطية. حتى يمتد الدفء.

(c) أضف زيت في مقلاة كبيرة غير الصقة على نار متوسطة إلى عالية. أضف البصل والثوم. طبخ 3 دقائق في ضجة البروكلي والملح والفلفل والأحمر. يطهى حتى يصبح البروكلي طريا لمدة 5 إلى 7 دقائق. أضف الخضار في الكينوا.

192

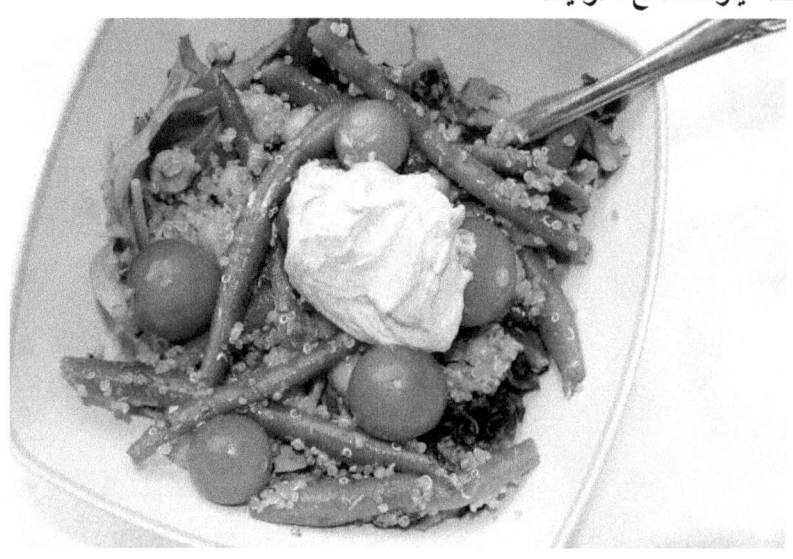

العلائد: 4 حصص

المكونات:

- 1 كوب ماء
- 1 كوب كينوا، مغسولة
- $\frac{3}{4}$ كيلو فاصوليا خضراء
- 1 كوب طماطم برقوق
- $\frac{1}{2}$ ملعقة صغيرة ثوم؛ مفروم
- $\frac{3}{4}$ ملعقة صغيرة ملح؛ أو حسب الذوق
- $\frac{1}{2}$ كوب ريحان طازجة ومقطعة
- 2 ملاعق كبيرة عصير ليمون؛ طازج

الاتجاهات:

(a) جلب الماء ليغلي في مقلاة، أضيفي الكينوا والفاصوليا والطماطم والثوم والملح.

(b) قفل الغطاء في مكانه. على نار عالية، ضع الضغط العالي وطهيه لمدة دقيقة واحدة. اتركي الضغط ينزل بشكل طبيعي لمدة 10 دقائق.

(c) الإفراج السريع عن أي ضغط متبقي. قم بإزالة الغطاء وإمالته بعيدًا عنك للسماح لخروج أي بخار زائد.

(d) أضيفي عصير الريحان والليمون واخلطي، وضعي قبل التقديم مباشرةً. رائع مع سمك، درجة حرارة الغرفة أو بارد.

194

76.شمشكلا عم اونيكلا

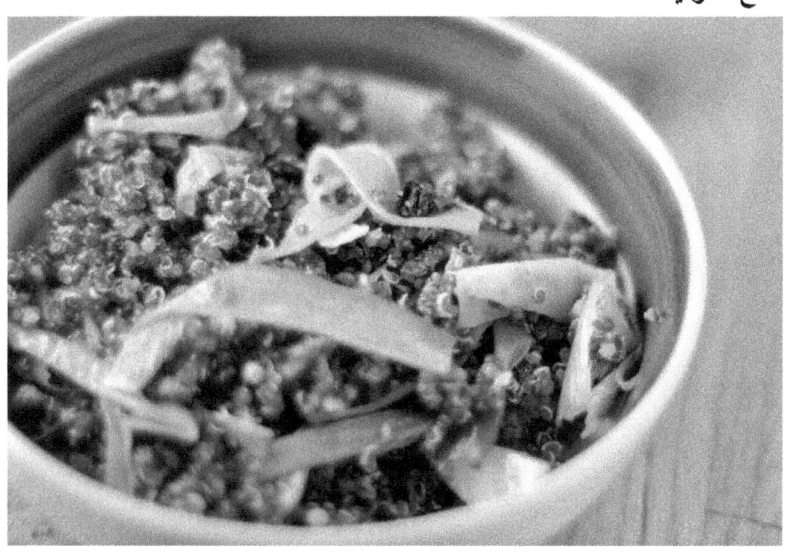

مكونات:

- $\frac{3}{4}$ كوب بصل، مغسولة
- 2⅔ كوب مرقة خضار (أو ماء)
- 4 كراث صغير
- نصف كوب من الطماطم المعلبة
- 5 ملاعق كبيرة زيت الكشمش
- 1 ملعقة كبيرة كمون مطحون
- 1 ملعقة صغيرة قرفة
- 1 ملعقة صغيرة من مسحوق الثوم
- ½ ملعقة صغيرة كركم

الاتجاهات:

(a) يوضع الكراث في مقلاة غير الصقة على حتى يصبح طري لبقيه أضف .لمجده هطيو تحد ديصبح طري لقيو أبهارات .إلى الكراث وحرك حتى تمتزج المكونات جيدًا.

(b) أضف الكينوا واطهيها بضبط دقائق.

(c) يُضاف المرق [، الكشمش] والطماطم، ويترك حتى يغلي، ثم خُفّض الحرارة ويترك على نار خفيفة، مغطى، لمدة 15-20 دقيقة حتى ينضج.

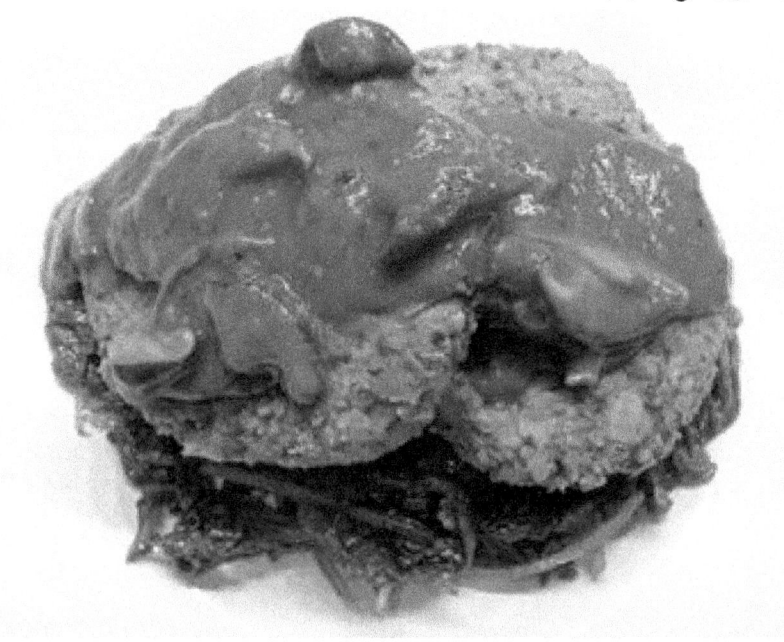

العائد: 8 حصص

مكونات:

- 1 حزمة الكينوا؛ مشطوف
- 1 حزمة فطر إيدين شيتاكي
- بصلة متوسطة
- 4 أكواب ماء
- $\frac{1}{4}$ كوب بذور عدد العضوية شويو
- 3 ملاعق كبيرة كودزو
- 2 ملعقة طعام خل الأرز البني

الاتجاهات:

(a)   قم بطهي الكينوا وجوز حسب توجيهات العبوة. تقطع فطر الشيتاكي تحت صبح طري أيًا مدة 30-45 دقيقة. جلب 2 كوب من الماء إلى الغليان.

(b)   عندما تصبح الشيتاكي قم بإزالة السيقان وأغطية الشرائح. يُضاف أيضًا للقنلع وأضيف الماء إلى الماكيس ويطهى للغلي مدة 30 دقيقة. أيضًا للبصل المقطع، وطهيه ويُضيف المتبقي الماء أيضًا. أخرى دقائق 5 والشويو، ويُذوب الكودزو ويُطهى حتى يكرك ثيور، يغلي. المذاب، ثم تُطفئ النار سوف تتكاثف السائل. ويصبح شفاف أ.

(c)   يقدم فوق الكينوا. يُزيّن بالبصل الأخضر المفروم.

198

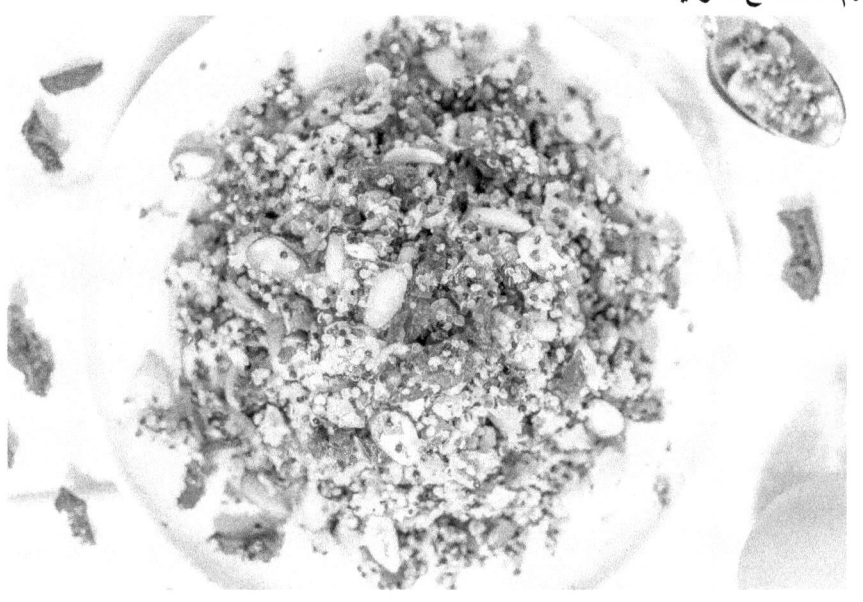

العائد: 4 حصص

مكوّنات:

● 1 كوب كينوا

● 1 ملعقة صغيرة صحّ زبدة

● 8 حبات طماطم مجففة بالشمس

● 2 الكراث. مفروم

● 1 فص ثوم؛ مفروم

● 2 كوب مرقة دجاج منزوعة الدهن الدال

● 1 رشة فلفل كايين

● 2 ملعقة كبيرة بقدونس طازج مفروم

● الملح والفلفل الأسود المطحون الطازج

الاتجاهات:

(a) ضعي الكينوا في مخنل شبكي ناعم واشطفيها تحت الماء الجاري. أفرغي الكينوا في المصفاة لتخلص من الزبدة في قدر متوسط. أضف. حرارة. فوق ميد حرارة. قدري 3-5 مدة على الكراث والثوم ويقلي والطماطم. حتى ينضج الكراث، أو دقائق.

(b) أضف المرقة أو الماء وتركة معة الكينوا مع الفلفل الحار، ثم حركي حتى تغلي. حركي الحرارة وتركيها على هدئتها. اذا كان مغطاة، مقطعة، لمدة 30 دقيقة تقريبًا، أو درجة الغليان، ثم خففي في الحرارة وتركيها على هدئتها للسائل حتى تتصص السائل.

(c) اتركها مدة 5 دقائق، ثم القلب بالحبوب بالشوكة. أضف البقدونس الطازج جز لبئي ويُضاف فلفلة بالشلش. اهلصها. اتركها مدة 5 دقائق ثم القلب بالحبوب بالشوكة أضف البقدونس الطازج جز لبئي ويُضاف بالملح والفلفل

200

79.وشحم عرق اونيكلا

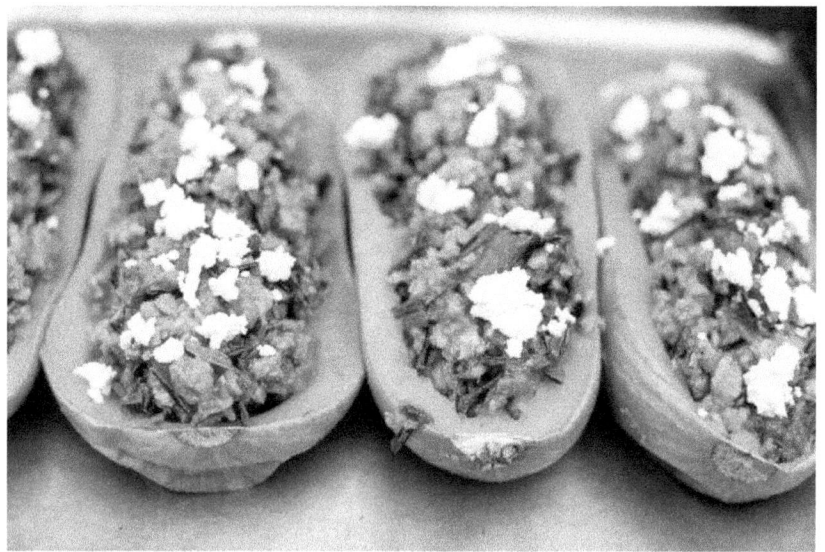

العائدة: 1 حصة

مكونات:

- 6 حبات قرع صغيرة
- 6 أكواب ماء
- 1 كوب أرز بري مطبوخ
- 1 كوب كينوا مغسولة _ ومطبوخة _
- 2 ملعقة صغيرة زيت نباتي
- 4 بصل أخضر مفروم
- ½ كوب كرفس مقطع
- 1 ملعقة صغيرة ريحان مجفف
- نصف كوب من التوت البري المجفف
- ⅓كوب مشمش مجفف؛ مفروم
- ½جوز البقان أو الجوز المفروم
- نصف كوب عصير برتقال طري؛ حتى 3/4
- ملح للتذوق

الاتجاهات:

(a) رتب أنصاف القرع المقطوعة في طبق الخبز أو صينية التحميص. اخبزيها حتى تنضج، لمدة 25 إلى 30 دقيقة.

(b) في مقلاة كبيرة ومتينة، سخني الزيت على نار متوسطة. أضيفي أيضًا الأخضر والكرفس والملح واطهي حتى تصبح البصل والكرفس والمكسرات وطهيها مع المزيج كثيرًا حتى 202

ديسخن. باستخدام شوكة، قومي بتقليب الكينوا أو رزلبا أضيفيهم إلى المقلاة. أضيفي
عصير البرتقال وخالطي حتى يديسخن. الموسم مع الملح

80.وفوتلا نجاط و اونيكلا

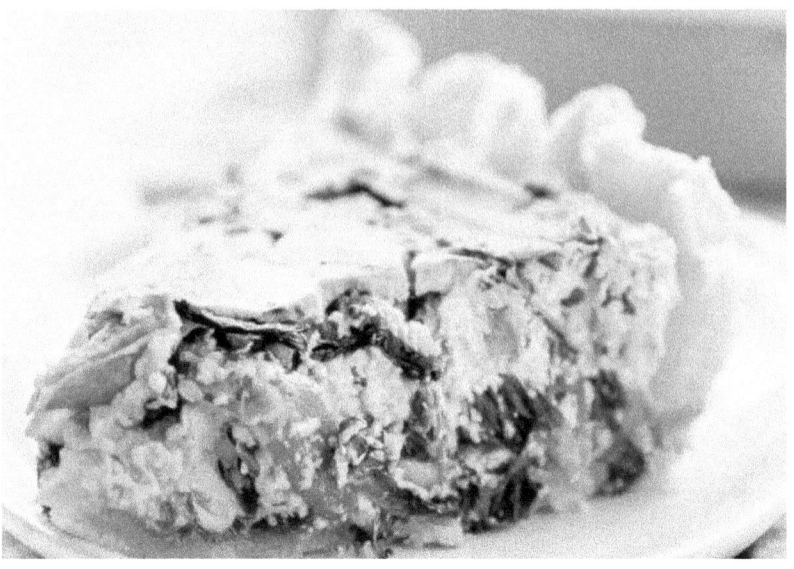

المكونات:

- 1½ كوب توفو
- 2 ملعقة صغيرة زيت سمسم
- 1 فص ثوم؛ مضغوط
- 1 كراث؛ المفروم
- 2 كوب كينوا؛ مطبوخ
- 1 ملعقة صغيرة صلصة جلح بحري أو
- 2 ملعقة صغيرة شويو
- رشة فلفل أسود
- 1 كوب فتات خبز القمح الكامل
- 1 كوب حليب الصويا

الاتجاهات:

(a) سخني مقلاة كبيرة أو مقلاة أفيضي فيها زيت. أضف الثوم والكراث. اقلي حتى يذبح. أضف الكينوا، ثم التوفو، وقلّبي. أضف مقدمة دقيقتين بعد كل إضافة. لون بني فاتح.

(b) زيت طبق خزفي. أضف نصف كوب من فتات الخبز وقم بتدوير طبق الكسرولة ليغطيه بالتساوي.

(c) أضيفي خليط الكينوا برفق. اضغطي جيداً في وسط الكينوا واسكبي فيها حليب الصويا. غطيها بفتات الخبز المتبقية.

(d) يغطى وبخبز مقدمة 20 دقيقة. قم بإزالة الغطاء واستمر في الخبز مقدمة 10 دقائق أخرى.

205

81.اونيكلا يد نوكيبلاس

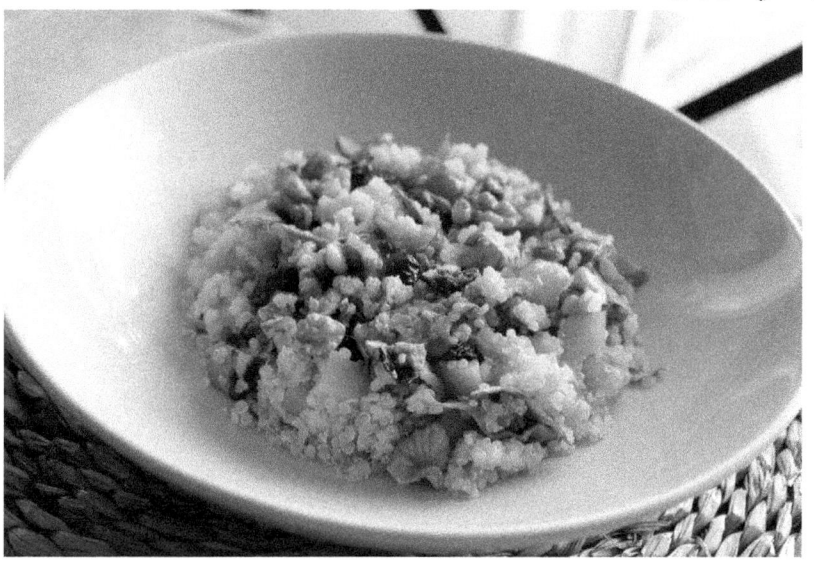

مكونات:

- $\frac{3}{4}$ كيلو كينوا، مطبوخة
- ربع كوب عصير ليمون طازج
- 1 ملعقة صغيرة فلفل، ملح بحري
- 1 سيرانو شيلي
- $\frac{1}{2}$ كوب زيت الزيتون
- 1 خيار متوسط؛ مقشر، بذور
- 1 طماطم متوسطة؛ المصنف
- 4 أونصات جبنة فيتا؛ انهارت
- 6 بصل أخضر؛ الأجزاء البيضاء فقط
- $\frac{1}{2}$ باقة ذنعانع طازج

الاتجاهات:

(a) اطبخ المكونات. خذ الفرم وسيرانو والملح والفلفل والليمون عصير عندين مجم صغير، وعاء صغير في اوينك يخلط الخا. في وعاء كبير، ونخفق تمتزج تمامة. امامة عليها ثم دسك بها زيت الزيتون، معًا. طلخ مرًا إ. عانعنلا سندونقتبلاو رضخلأا لصبلاو اتيفلاو مطامطلاو رايخلا مع مقدربملا

(b) قم بتجميع أوراق القرار للجفل، واستخدمها كأكواب، وزينها بحسب الرغبة بندبات الكبار، ويبي ض السلمان، والفيتا، والزيتون.

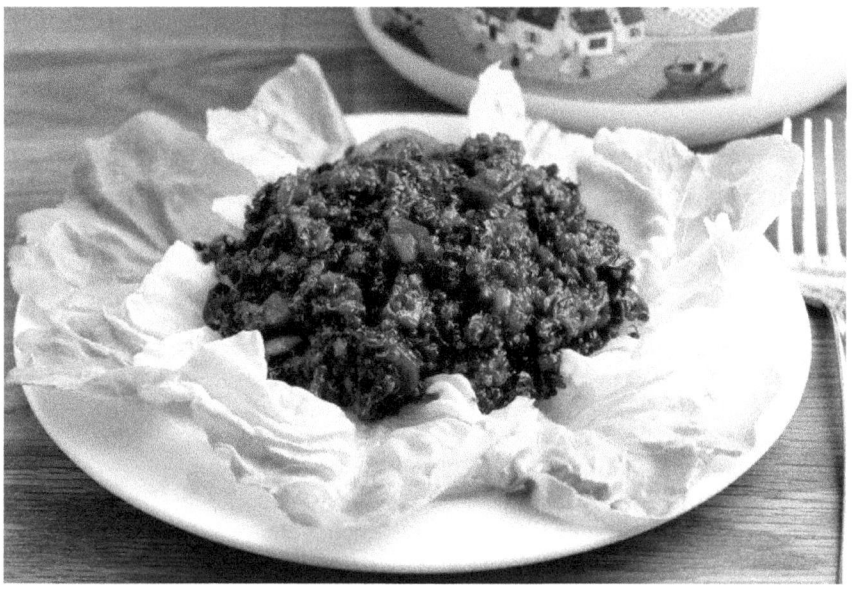

العائد: 4 حصص

مكوناتك:

● 2 كوب مرقة خضار

● 1 بنجر صغير جدًا؛ مقشر

● 1 كوب كينوا مستوردة

● 1 ملعقة كبيرة زيت زيتون بكر ممتاز

● 1 ملعقة كبيرة عصير ليمون طازج

● ½ ملعقة صغيرة من قشر الليمون الطازج

● ملح البحر

● الفلفل الأسود المطحون الطازج؛ ليتذوق

● 1 ملعقة كبيرة ثوم معمر طازج مفروم؛

● سلطة خضراء

● زيتون أسود

● فيليه الأنشوجة

● الكريمة الحامضة

الاتجاهات:

(a) يُغلى المرق في قدر متوسطة الحجم على نار عالية. يُضاف البنجر، والكينوا، والزيت. يُطهى على نار متوسطة في قدر مغطى على مهجل. اترك المزيج جانبًا. أضف الليمون، وبرش الليمون، والملح، والفلفل، وثلثي كوب مرقة أخرى.

(b) غطي القدر، وخفف النار، واتركه يطهى على نار هادئة لمدة 12 دقيقة أو حتى يمتص المرق. اسحبوا القدر، فوق، مغطاة، لمدة 5 دقائق

210

c) يُسكب في وعاء التقديم ويُزيّن بالثوم المعمر ويقدّم على الفور. أو تبرد، ثم تقدم كسلطة على الخضار، مزينة بالزيتون الأسود، وشرائح الأنشوجة، وقليل من القشدة الحامضة.

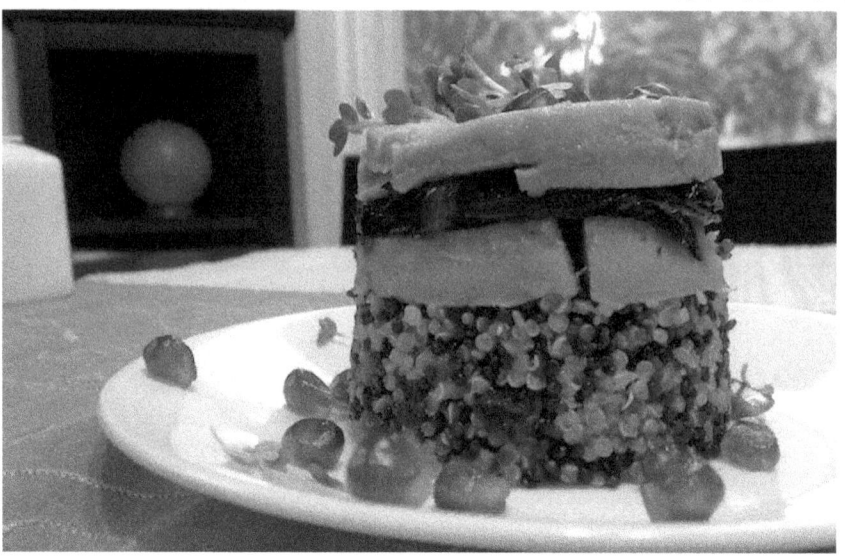

العائد: 1 حصة

مكونات:

- 1 كوب كينوا
- 1 بصلة صغيرة مفرومة
- 1 ملعقة كبيرة زيت زيتون
- 1 ملعقة صغيرة كمون مطحون
- $\frac{1}{2}$ ملعقة صغيرة قرفة
- $\frac{1}{4}$ ملعقة صغيرة كركم؛ مدور
- 1 كوب مرق دجاج
- ⅓كوب زبيب أو زبيب مجفف
- ربع كوب من الطماطم المعلبة المقطعة
- 3 ملاعق كبيرة من أوراق أو دبقونس الطازجة المفرومة ناعماً

الاتجاهات:

(a)   في قدر ثقيل، يُطهى البصل في الزيت على نار خفيفة متوسطة الحرارة، مع التحريك حتى يلين، ثم يُضاف الكمون، والقرفة، والكركم، ويُطهى مع التحريك، لمدة 30 ثانية. أضيفي أيضاً الكينوا واطهيها مع التحريك لمدة دقيقة واحدة.

(b)   يُضاف المرق، والماء، والمشمش، والطماطم، والملح، ويُترك المزيج على نار خفيفة، وهو مغطى، لمدة 15 دقيقة، أو حتى يمتص السائل.

(c)   قسّم الكينوا الطبخ بين 6 قوالب بالتساوي بالتناوب مدهونة بالزبدة نصف كوب، ثم قم بتعبئتها، واقلب على طبق واحد.

213

84.اونيكلا عم نويلهلا

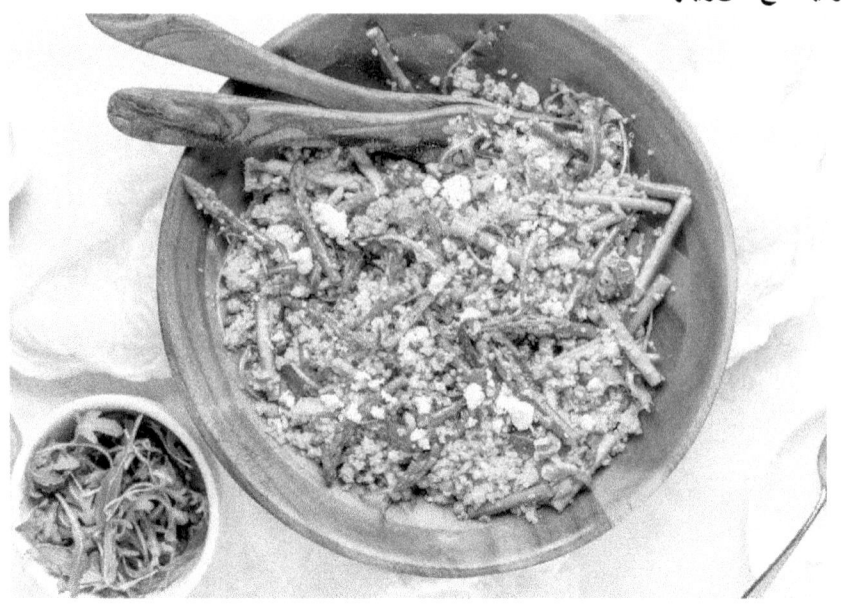

صصح 4 :دئاعلا

مكونات:

- 1 كوب كينوا ، مطبوخة
- 2 كوب ماء
- 1 جنين هيلو نطازج
- 2 ملعقة صغيرة زيت زيتون
- ملح جفلفو ليتذوق؛ ل ذوق

الاتجاهات:

a) اخنسي الزيت في مقلاة متوسطة

b) أضف الهيليون والملح والفلفل. حرك باستمرار حتى يصبح الهيليون طري ولكن لا يزال هش أ (حوالي 5 دقائق) إلى حد ما

c) يُمزج الكينوا مع الهيليون أو يُقدم بشكل منفصل إذا رغبت في ذلك.

215

85.ةرذلا عم اونيكلا فلايب

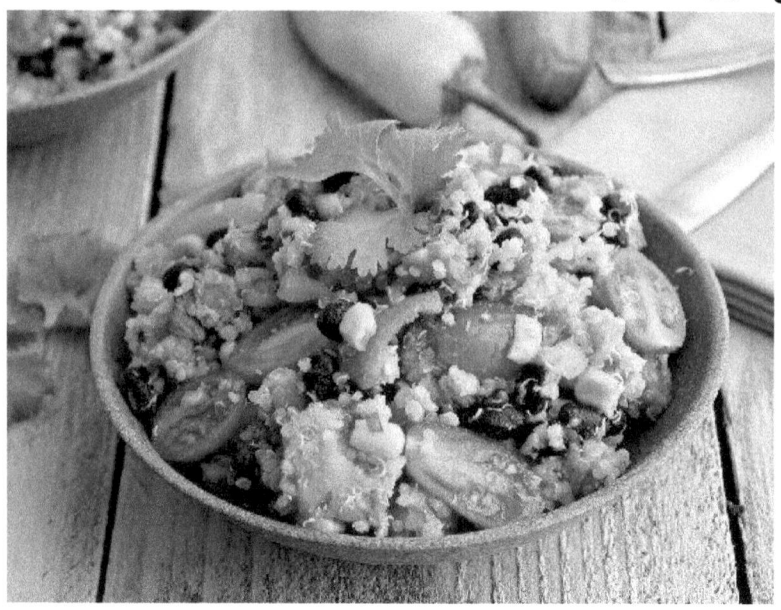

المكونات:

- كوب ماء $1\frac{1}{2}$
- معلقة كبيرة مرقة خضار فورية 1
- كوب كينوا، مغسولة 1
- كيلو بطاطس ذات قشرة رقيق $\frac{3}{4}$
- معلقة صغيرة بذور كمون 1
- معلقة صغيرة ملح؛ أو أكثر حسب الذوق $\frac{1}{2}$
- كوب ذرة مجمدة ذوبان الجليد 1
- نصف كوب فلفل أحمر مشوي مقطع مكعبات
- كوب كزبرة طازجة مفرومة $\frac{1}{4}$

الاتجاهات:

a) في قدر متوسطة الحجم، ضعي الماء ومسحوق المرق حتى يغلي على نار عالية. أضيفي. أضف الكينوا والبطاطس والملح والكمون ويطغى على نار خفيفة لمدة 10 دقائق.

b) يُضاف الملح الإضافي إذا لزم الأمر ويُضاف الفلفل الأحمر والكزبرة

c) احساء الكينوا تكتسب مكانك درك: بقايا الطعام في وعاء من مرق الخضار. استمتع بعصرة من الجير.

217

86. كينوا سوتيه مع البرتقال

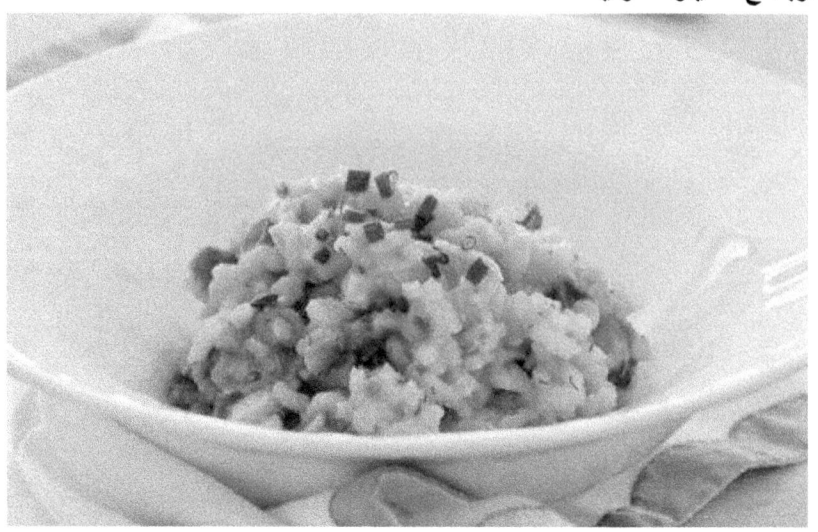

العائد: 4 حصص

مكونات:

- ½كوب بصيبة كينوا ، مطبوخة
- 2 ملعقة صغيرة زيت زيتون
- 1 بصلة؛ المفروم
- 3 جزر مبشور
- 2 فصوص من الثوم؛ مفروم
- ½ ملعقة صغيرة كمون مطحون
- 1 كوب الحمص المعلب
- نصف كوب عصير برتقال
- ¼ كوب زبيب
- ¼ ملعقة صغيرة ملح
- ⅛ ملعقة صغيرة فلفل
- 1 ملعقة كبيرة كزبرة مفرومة

الاتجاهات:

(a) في مقلاة متوسطة غير القصدة، سخني الزيت. أضف على البصل. يطهى مع التحريك بسح. أضف الجزر والثوم والكمون. يطهى مع التحريك ينضج لمدة 5 دقائق تقريبا. أضف الحمص حتى يذبل الجزر لمدة تقديقتين تقريبا.

(b) أضيفي الكينوا والحمص وعصير البرتقال والزبيب والملح والفلفل. يطهى حتى مغطى تميص العصير ويتم مزج مكوناتها لمدة 10 دقائق تقريبا. يضج في الكزبرة.

219

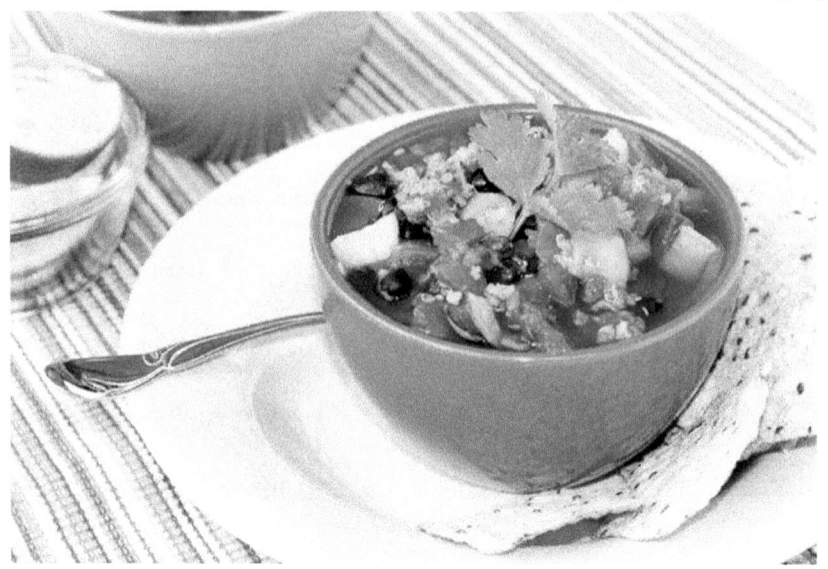

العائد: 16 حصص

مكونات:

- 1 كوب ماء
- ½ كوب كينوا؛ مشطفة جيدا ومطبوخة
- 2 كراث صغير مفروم
- نصف كوب من الجزر المبشور ناعماً
- نصف كوب فلفل أحمر مفروم
- 1 بيضة كبيرة
- ¾ كوب دقيق الشوفان سريع الطبخ
- ¾ كوب دقيق القمح الكامل
- ¾ كوب دقيق أبيض غير مبيض
- ⅓كوب جبنة بارميزان مبشورة
- ½ ملعقة صغيرة ملح
- نصف ملعقة صغيرة من الأوريجانو الجاف والمفتت

الاتجاهات:

a) يُمزج الكراث والجَزر والفلفل الأحمر والبيض. أضف الكينوا الدافئة ودقيق الشوفان والدقيق والجبن والملح والأوريجانو. مزيج فقط حتى يأتي العجين معا .

b) نشكل العجينة على شكل اسطوانة ونتركها ترتاح.

c) باستخدام ماكينة خبز التورتيلا أو الشوبك، قومي بتشكيل كل قطعة إلى دوائر رفيعة مقاس 6 بوصات. اخبزها لمدة 30 ثانية على الجانب الأول.

d) اقلبها واخبزها لمدة دقيقة واحدة على الجانب الثاني، ثم ارجع إلى الجانب الأول واخبزها لمدة 30 ثانية أخرى.

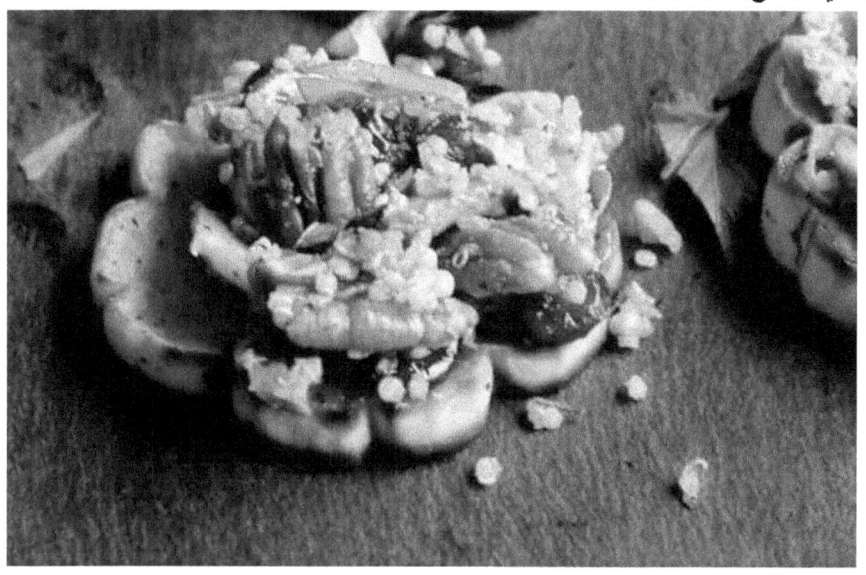

العائد: 1 حصة

مكونات:

- النبيذ الأبيض أو مرق الخضار
- 1 بصلة متوسطة ، مفرومة
- 8 إلى 10 حبات فطر مقطعة إلى شرائح
- 1 حبة فلفل كبيرة مقطعة مكعبات
- 1 فلفل هالبينو
- 1 كوسة صغيرة، مقطعة إلى مكعبات
- 2 فص ثوم، مفروم
- 3 أكواب ماء
- نصف كوب من الكينوا، مغسولة جيداً
- كوري أحمر مقشر ومقطع إلى مكعبات
- اليقطين، أو غيرها من نبات الشتاء قرع
- 1 كوب من الكرنب أو الإسكارول المفروم
- 2 ملعقة كبيرة بقدونس طازج
- ملح ، فلفل

الاتجاهات:

(a) يسخن الفرن إلى 400 درجة. يُقلى على الصبا للفطر والفلفل والكوسا والثوم مع النبيذ أو الملح مدة 5 دقائق تقريباً

(b) ضجة في بقية المكونات واتركها حتى تغلي.

224

c) انقلي الخليط إلى طبق خزفي مقاس 9x13 ثم غطيه. اخبزيها حتى يمتص السائل، حوالي 35 إلى 40 دقيقة. نخرجها من الفرن ونحركها بالشوكة. دعونا نقف 5 دقائق قبل التقديم.

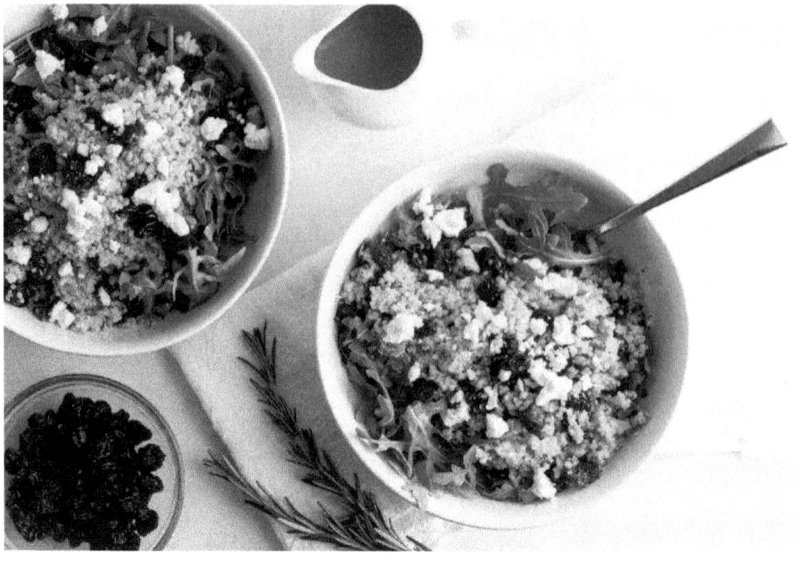

مكوناتك:

- مسمس زيت ملعقة كبيرة 1

- بصلة صغيرة صغيرة 1

- ¼ كوب البصل ونيك، ملعقة الثوم جديداً

- 1 حبة فلفل أحمر صغيرة الحجم، مقطعة إلى مكعبات

- 3 أكواب ماء

- 1 ملعقة صغيرة صلصة صويا يمار امت

- 1 ملعقة صغيرة إكليل الجبل الطازج أو

- فصف ملعقة صغيرة إكليل الجبل المجفف نصف

- 1 كوب بازلاء طازجة أو مجمدة

- ½ كوب من الجوز المفروم

الاتجاهات:

a) على قلي على قلى البصل والبصل وانيك. سخني الزيت في قدر وأضيفي إلى 350 درجة. سخني اللفرن إلى ذارا متوسطة مع التحريك المستمر لمدة 3 دقائق.

b) أضيفي الفلفل الأحمر والويقلى لمدة دقيقتين إضافيتين. أضف الماء والصلصة والإكليل واياما تغطي الآن. (قم بغلي المحتويات؛ ثم بإضافة البازلاء الطازجة، قم إذا كنت تستخدم الجبل. ويتوي على ذارا خفيفة لمدة 15 دقيقة تترك على.

c) عندما درجة 350 لمدة 5 دقائق. حرارة في فرن على درجة يُخُمصص الجوز في هذه الأنانء البازلاء المجمدة إليها الجوز وانيك، أطفئي النار وأضيفي إليها تنضج.

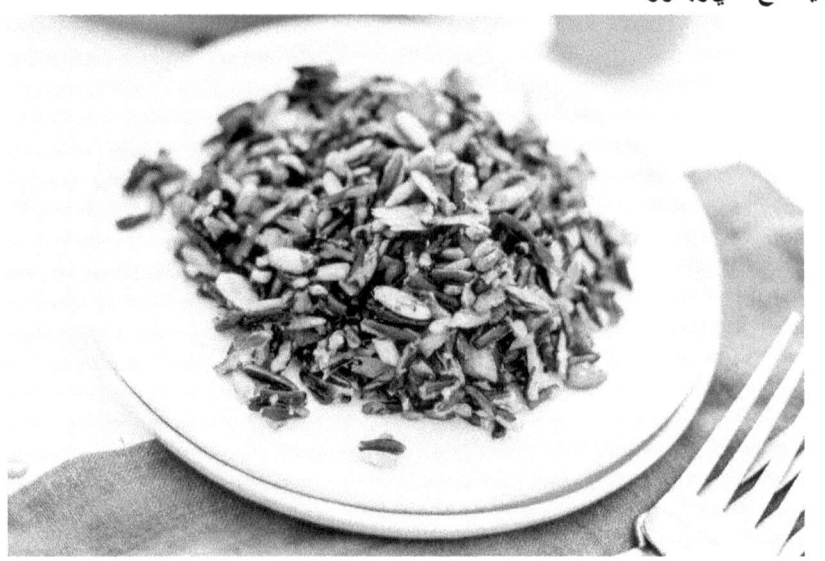

مكوّنات:

- 2$\frac{1}{2}$ كوب ماء

- 1 معلقة صغيرة صودا ديّاص صوص

- نصف كوب من الأرز البري، المغسول والمنقوع

- نصف كوب كينوا

الاتّجاهات:

a)   يُمزَج الماء وصلصلة الصويا في وعاء ويُترك حتى يغلي على نار متوسطة الحرارة. يُضاف الأرز البري ويُغطى ويُخفّف النار على كترك لمدة خفيفة لمدة 30 دقيقة.

b)   أضيفي الكينوا، غطّي القدر واتركيه على نار خفيفة لمدة 20 أخرى أو حتى يمتص الماء بالكامل.

c)   يُرفع عن النار ويُترك ليغلي، ويُطغى لمدة 5 دقائق. زغب بالشوكة.

91.اونیک ةلوبت

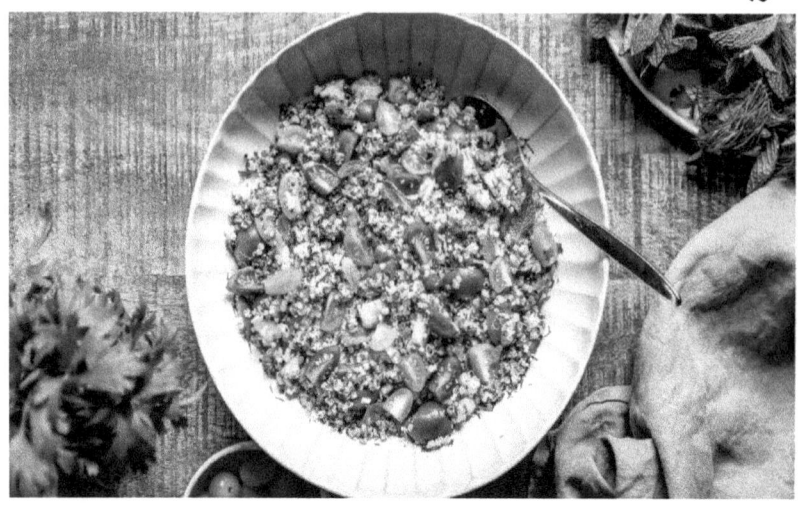

مكونات:

- 1½ كوب كينوا كيوي، غير مطبوخة
- 1½ كوب من الأعشاب الطازجة (البقدونس والنعناع و/أو الكزبرة)
- 1/2 بصلة حمراء صغيرة أو 2 بصل أخضر مفروم فرماً ناعماً
- عصير 2 ليمونة
- 1/3 كوب زيت زيتون بكر ممتاز. ملح وفلفل حسب الرغبة

الاتجاهات:

a) اشطفي كوباً ونصف من الكينوا بالكيوي وضعيها في قدر مع 6 أكواب من الماء. غطيها بغطاء واتركيها حتى تغلي. خففي الحرارة واتركيها على نار خفيفة لمدة 20 دقيقة تقريباً أو حتى تتحرر ذيول الكينوا. اصفي الماء الزائد واتركيه ليبرد.

b) في وعاء أصغر، اخلطي الأعشاب الطازجة المفرومة والبصل الأحمر وعصير الليمون واتركيها لتتبل لمدة 5 دقائق ثم أضيفي زيت الزيتون. يُمزج خليط الأعشاب مع الكينوا والكيوي ويقلب المزيج معاً.

c) يتبل بالملح والفلفل حسب الرغبة (أضف المزيد من عصير الليمون أو زيت الزيتون إذا لزم الأمر). سيتم الاحتفاظ بها لمدة 2 إلى 3 أيام في الثلاجة.

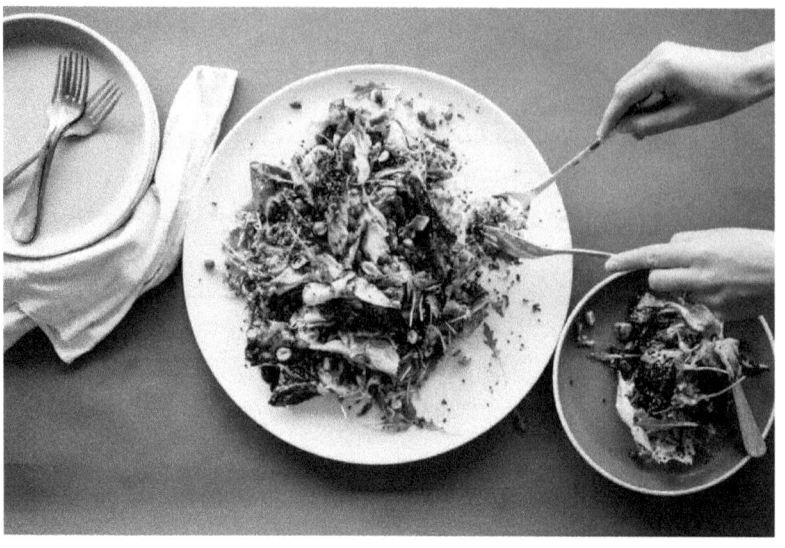

مكونات:

- 1 حزمة كزبرة، مفرومة
- ½ باقة بقدونس، مفرومة
- ½ بصلة حمراء، مفرومة ناعماً
- 1 كوب كينوا، غير مطبوخة
- ½ كوب عدس (غير مطبوخ)
- 2 ملعقة كبيرة بذور يقطين محمصة
- 2 ملعقة كبيرة من اللوز المحمص
- 2 ملعقة كبيرة صنوبر محمص
- 2 ملعقة كبيرة بذور دوار الشمس محمصة
- 2 ملعقة كبيرة كبر أطفال
- نصف كوب من التوت البري أو الكشمش
- 1 ملعقة كبيرة خل النبيذ الأحمر
- 3 ملاعق كبيرة زيت زيتون بكر ممتاز، ملح بحري حسب الرغبة
- 1 كوب زبادي يوناني سميك
- 1 ملعقة صغيرة كمون مطحون
- 1 ملعقة كبيرة عسل

الاتجاهات:

(a) اشطف كوباً واحداً من الكينوا وضعه في قدر مع 5 أكواب من الماء. غطيها. بعطاء وترکيها تحتی تغلي. خفف الحرارة واترکها علی نار خفيفة لمدة 20 دقيقة تقريباً بغطاء وترکيها تحتی تغلي. خفف الحرارة واترکها علی نار خفيفة لمدة 20 دقيقة تقريباً حتی يتحرر ذيول الكينوا. يصفى من الماء الزائد، ويترک لكرتها تحتی تجف باناً حتی يبرد.

(b) خبط العدس في الماء المغلي حتی ينضج. اشطفه جيداً وترکيه باناً حتی يبرد.

(c) اخلطي البصل والكمون والعسل حتی تمتزج المكونات. استخدمي القليل من الماء المغلي لإذابة العسل إذا كان صلباً.

(d) في وعاء متوسط، ضعي الكينوا المطبوخة والبقدونس والبصل الأحمر والكينوا والعدس والمكسرات والبازر (أو المشمش) وخل النبيذ الأحمر وزيت الزيتون. مزيج جيد، ثم المموس بحسب الذوق.

(e) ضعيها في طبق التقديم وزينيها بالبازري بالكمون.

93.اونيكلا نوك يليشت

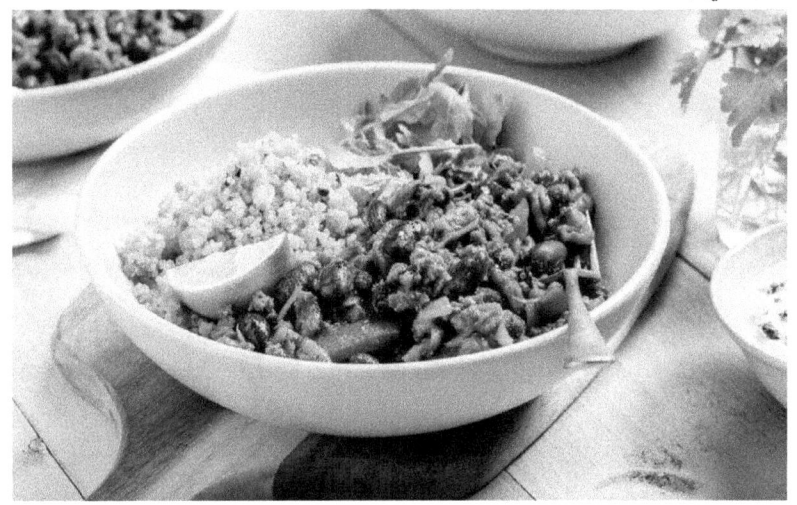

المكونات:

- 1 كوب كيوي كينوا، غير مطبوخة
- 1 ملعقة كبيرة زيت زيتون بكر ممتاز
- 1 بصلة كبيرة، حمراء أو بيضاء، مقطعة مكعبات
- 1 حبة فليفلة حمراء، مقطعة إلى مكعبات
- 4 فصوص من الثوم المهروس
- 800 جرام من الطماطم المقطعة أو المهروسة
- 2 ملعقة كبيرة معجون طماطم
- 2 كوب مرقة خضار
- 2 ملعقة كبيرة مسحوق الفلفل الحار
- 2 ملعقة صغيرة كمون مطحون
- 2 ملعقة صغيرة مسحوق الكاكاو
- 2 ملعقة صغيرة بابريكا
- 1 ملعقة صغيرة كزبرة مطحونة
- 1 ملعقة صغيرة فلفل حريف (إذا كنت تحبه حاراً) ملح وفلفل
- 2 علبة فاصولياء سعة 400 جرام، مصفاة ومغسولة

236

- 1 × 400 جرام علبة فاصوليا سوداء، مصفاة ومغسولة

- 1 × 400 جرام علبة حبات الذرة أو طازجة إذا كان في الموسم

- ½ كوب كزبرة مفرومة. عصير 1 ليمونة

للتخديم:

- القشدة الحامضة (اختياري)

- جبن لذيذ مبشور (اختياري). أوراق كزبرة

الاتجاهات:

a) اشطف كوبًا واحدًا من الكينوي والكينوي في قدر مع 5 أكواب من الماء. اغطيها. سخّن الحرارة على نار خفيفة قدمة 20 دقيقة تقريبًا وحرّكها حتى تغلي. صفّ الماء الزائد، وحرّكها جانبًا. أو حتى تتحرر ذيول الكينوا.

b) سخّني الزيت في قدر كبيرة على نار عالية. يُضاف البصل ويطهى مع التحريك لمدة 4 دقائق أو حتى ينضج. يُضاف الثوم والفلفل ويطهى لمدة دقيقة أخرى.

c) تُضاف الطماطم المقطعة، ومعجون الطماطم، والكينوي المطبوخة، والملح، والكمون، والكاكاو، والبابريكا، والكزبرة، والفلفل الحار، والزيتُ. يُغلى على المزيج ثم قطّة يُخفَض الحرارة على نار خفيفة. يُغلى بسحب الرغبة. اتركي الملح والفلفل حسب الرغبة. اتركيه لينضج لمدة 30 دقيقة.

d) أيضًا الفاصوليا والفاصوليا السوداء والذرة والكزبرة الطازجة والليمون واطهيها حتى تسخن.

e) يقدم الطبق ساخنًا ويُزيّن بزينة اختيارك من أوراق الكزبرة الطازجة والقشدة الحامضة و/أو الجبن المبشور اللذيذ.

237

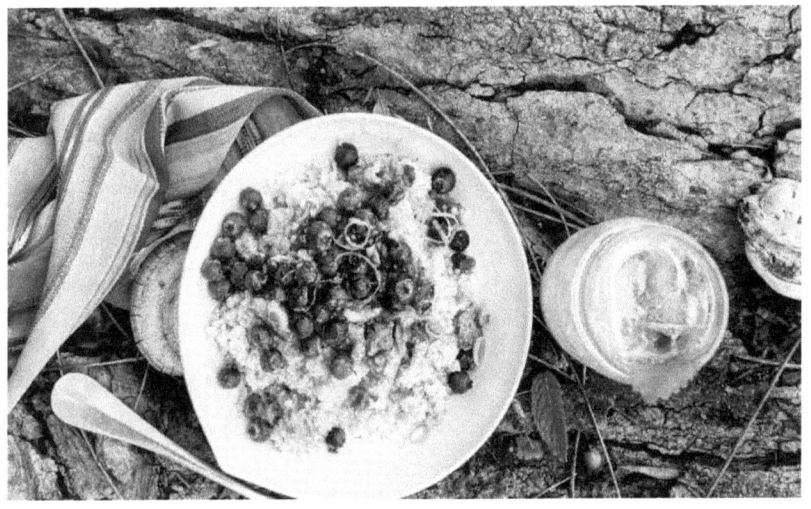

خيدم 4

مكونات:

- 1 ملعقة كبيرة (14 مج) زيت جوز الهند
- 1½ كوب (265 مج) من الكينوا المحمرة أو الحمراء أو السوداء المغسولة
- 14 أونصة، أو (392 مج) علبة من حليب جوز الهند الخفيف غير المحلى، بالإضافة إلى المزيد للتقديم
- كوب (470 مل) ماء
- ملح البحر ناعم
- ملاعق كبيرة (40 مج) من العسل أو الصبار أو شراب القيقب
- 2 ملعقة صغيرة (10 مل) خلاصة الفانيليا
- زبادي جوز الهند
- توت
- غوجي التوت
- بذور اليقطين المحمصة
- رقائق جوز الهند غير المحلاة المحمصة

الاتجاهات:

(a) سخني الزيت في قدر على نار متوسطة. أضيفي الكينوا والخبز بمحمص مدة دقيقتين مع التحريك بشكل متكرر. قم بتحريك علبة حليب جوز الهند والماء وقليل من الملح حتى الغليان. سوف تنفجر الكينوا وتنفجر في البداية ولكنها ستستقر بسرعة.

(b) يُغلى المزيج ثم يُغطى ويُخفض الحرارة إلى درجة منخفضة ويُترك على نار خفيفة حتى تقريباً. يُرفع عن النار ويُضاف السل أو العسل وشراب القيقب والفانيليا.

(c) للتقديم، اقسمي دين الكينوا في الأطباق. ضعي فوقها حليب جوز الهند الإضافي، ولبن جوز الهند، والتوت والأرز، وبذور اليقطين، ورقائق جوز الهند.

240

95.اونيكو صمحو رتعز ةيعوأ

خيدم 4

مكونات:

- 4 جزر متوسطة
- 3 ملاعق كبيرة (45 مل) من زيت الأفوكادو أو زيت الزيتون البكر، مقسمة
- ملح كوشير وفلفل أسود مطحون طازج أجزاء
- 1 كوب (175 مج) كينوا مغسولة
- 2 كوب (470 مل) ماء
- 2 ملعقة صغيرة (10 مل) خل التفاح
- 6 أكواب (420 مج) كرنب مقطع ومقسوم
- $\frac{1}{2}$ بصلة صفراء، مقطعة إلى مكعبات
- $1\frac{1}{2}$ كوب حمص، مصفى ومغسول
- 2 ملعقة صغيرة (4 مج) زعتر
- $\frac{1}{2}$ ملعقة صغيرة (2 مج) كمون مطحون
- 2 حبة بندورة، مقشرة ومقطعة إلى شرائح رفيعة
- $\frac{3}{4}$ كوب (180 مل) صلصة زبادي بالكزبرة
- حبوب السمسم

الاتجاهات:

(a) سخني الفرن إلى 400 درجة فهرنهايت (200 درجة مئوية)، أو علامة الغاز 6).

(b) قشر الجزر وقطعه إلى شرائح بسمك $\frac{1}{4}$ بوصة (6 مم).

(c) أضيفي ملعقة كبيرة (15 مل) من الزيت والملح والفلفل، ثم رتبيها في طبقة واحدة على صينية خبز ذات حواف. اشويها حتى تصبح طرية وتكتسب اللون البني حول الحواف، قلبيها في المنتصف، مدة 20 دقيقة تقريباً.

(d) في هذه الأثناء، اخلطي الكينوا مع الماء في قدر متوسط الحجم. علي المزيج ثم اخفضي درجة الحرارة إلى درجة منخفضة وغطيه واتركيه على نار خفيفة حتى ينضج، مدة 15 دقيقة تقريباً.

242

e) يُرفع عن النار ويُضاف الخل فاضيوب وكوبين (140 مج) من الكرنب ويُضاف الخل يُطهى على البخار مع الغطاء لمدة 5 دقائق تقريبًا.

f) في هذه الأثناء، سخني الملعقتين الكبيرتين المتبقيتين من الزيت في مقلاة كبيرة. أضيفي زر متوسطة. يُطهى مع التحريك من حين لآخر حتى يصبح طريًا. أضيف اللحم المصمص والزعتر والكمون والفلفل. يُطهى مع التحريك من حين لآخر حتى يسخن اللحم بالكامل وتفوح رائحته، لمدة 5 دقائق تقريبًا.

g) للتقديم، قسمي الكينوا بين الأطباق. ضعي فوقها اللحم والجزر والأكواب الأربعة. يُرشّ صلصة سصابا الزبادي بالكرة ويُرشّ من الكرنب (280 مج) المتبقية وشرائح البنجر. تُرشّ ويُرشّ بذور السمسم.

96. أطباق الفاصوليا والفطر المتبلة

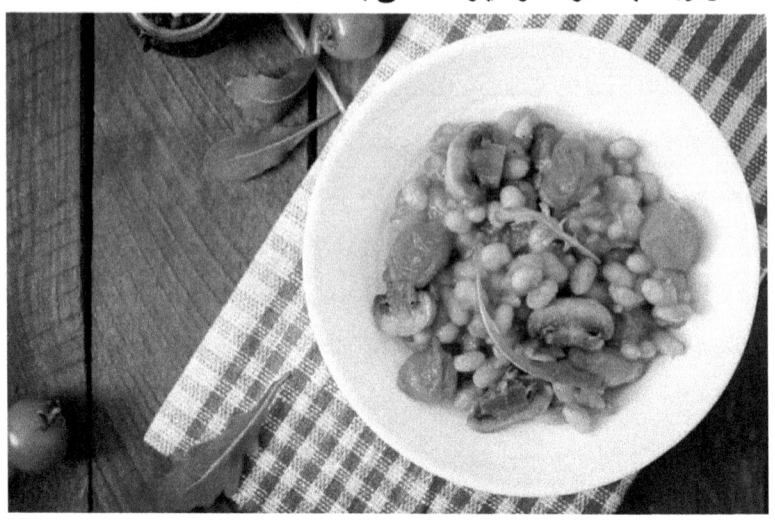

مدخم 4

مكونات:

- 1 كوب (175 مج) كينوا مغسولة
- 2 كوب (470 مل) ماء
- ملح كوشير وفلفل أسود مطحون طازجة
- 1 بصلة حمراء متوسطة الحجم مفرومة
- 1 رأس بروكلي، مقطع إلى زهيرات
- 4 ملاعق كبيرة (60 مل) من الأفوكادو أو زيت الزيتون البكر، مقسمة
- 4 أونصات (115 مج) من فطر كريميني، مقطع إلى أرباع
- 4 أونصات (115 مج) من فطر شيتاكي، مقطّع إلى شرائح
- 1 فص ثوم، مفروم
- 3 أكواب من الفافوليا، مصفاة ومغسولة
- 2 ملعقة صغيرة (4 مج) زعتر
- ½ ملعقة صغيرة فلفل حلبي
- صلصة الفلفل الأحمر المشوي
- اللوز المفروم

الاتجاهات:

(a). سخني الفرن إلى 400 درجة فهرنهايت (200 درجة مئوية، أو علامة الغاز 6).

(b) يُمزج الكينوا مع الماء وقليل من الملح في قدر متوسطة الحجم. يُغلى ثم يُخفَض الحرارة إلى هطيء وطهيه بدون نار خفيفة وطهيه حتى تصبح متوسطة القدر في المجحم. دقيقة تقريبًا 15.

(c) يُرفع عن النار وطهيه بغطاء وطهيه على الخبار مدة 5 دقائق تقريبًا.

(d) يُضاف أيضًا ملعقتان في هذه الأثناء، رتبي البصل على البروكلي على صينية خبز ذات حواف. يُضاف 20 مدة ذغي على تحت يُقلب وطهيه المحلح والفلفل ويُثبت بالملح من الزيت، تيزلا (30 مل) كبيرتان دقيقة مع التحريك مرة واحدة في منتصف المدة.

245

e) سخني ملعقة كبيرة (15 مل) زيت في مقلاة على نار متوسطة. يُضاف الفطر ويتبل بالملح والفلفل ويقلّى حتى يصبح لونه بنياً وينضج لمدة 8 دقائق تقريباً. يُضاف الثوم ويُطهى لمدة دقيقتين أطول. نقل الفطر إلى طبق.

f) سخني ملعقة كبيرة متبقية من الزيت (15 مل) في نفس المقلاة. أضف الفاصوليا، وزعها في طبقة متساوية، واطهيها حتى يصبح لون القاع بنياً خفيفاً، لمدة 3 دقائق تقريباً. يُتبل بالزعتر والفلفل الحلبي والملح ويُحرَّك المزيج. اطهيها لمدة 5 دقائق تقريباً، حتى نتقرح الفاصوليا من جميع الجوانب.

g) للتقديم، قسمي الكينوا بين الأطباق. قمة مع البصل المحمص والقرنبيط والفطر والفاصوليا. يُرش بصلصة الفلفل الأحمر المحمص ويُرش باللوز.

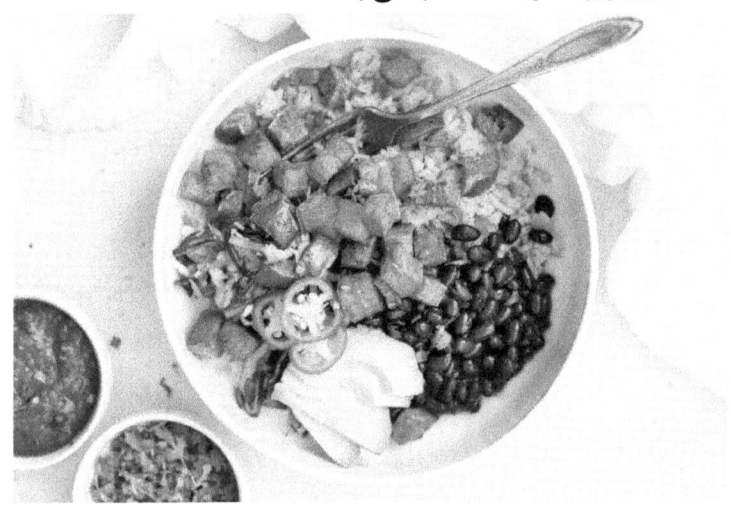

مخدم 4

مكونات:

- نصف كوب (120 مل) خل أبيض
- 2½ كوب (590 مل) بالإضافة إلى 2 ملعقة كبيرة (30 مل) ماء مقسم
- ملح كوشير فلفل أسود مطحون طازج
- نصف كوب (80 مج) صبر أحمر مقطع إلى شرائح رفيعة
- 2 بطاطا حلوة كبيرة (أو 3 متوسطة).
- 1 ملعقة كبيرة (15 مل) من الأفوكادو أو زيت الزيتون البكر
- 1 ملعقة كبيرة (6 مج) مسحوق شيبوتلي تشيلي
- 2 ملعقة صغيرة (4 مج) كمون مطحون، مقسم
- 1 كوب (175 مج) كينوا مغسولة
- 2 ملعقة كبيرة (30 مل) طازجة
- عصير الليمون المعصور
- 1½ كوب (300 مج) وأ 1 (15 أونصة وأ 420 مج) فاصوليا سوداء، مصفاة ومشطفة
- ½ كوب (120 مج) حبات ذرة
- 4 أكواب (120 مج) سبانخ صغيرة
- 1 حبة أفوكادو، مقشرة، منزوعة البذور، ومقطعة إلى شرائح رفيعة
- صلصة تشيميشوري
- 2 صبر أخضر، مقطع إلى شرائح رفيعة

الاتجاهات:

(a) سخني الفرن إلى 400 درجة فهرنهايت (200 درجة مئوية، أو علامة الغاز 6).

(b) يُغلى الخل مع نصف كوب (120 مل) من الماء ونصف ملعقة صغيرة من الملح في قدر. أضف البصل إلى السائل وعاء صغير واسكب فوقه. اجلس جانبًا.

248

c) قشري البطاطس وقطعيها إلى نصفين، ثم قطعي كل شريحة إلى نصفين بطول $\frac{1}{2}$ بوصة. قبلي البطاطس مع الحليب المذاب وممسحوق الفلفل الحار المعلقة صغيرة (2 مسم 1.3). قومي بشدهيوها حتى تصبح واحدة في مرة واحدة. انتشر في طبقة متساوية على ورقة الخبز انعقدت. (مج من المكون والملح والفلفل. بشدهيوها حتى تصبح طريقة صحبح تكتسب اللون البني حول الحواف، لمدة 25 دقيقة تقريباً، مع التقليب برفق منتصف المدة.

d) الخلطي الكينوا مع كوبين (470 مل) من ماء مالح مقلي من الملح في قدر ملعقة صغيرة، هذه الأثناء، في متوسطة المجحم. يُغلي ثم يُخفض الحرارة إلى درجة منخفضة ويُترك على مع الخبار يُرفع عن النار ويطهى بالخبار مع الطغاء خفيفة حتى ينضج لمدة 15 دقيقة تقريباً. يُرفع عن النار ويطهى بالخبار مع الطغاء ذار خفيفة حتى ينضج لمدة 15 دقيقة تقريباً. دقائق 5 تقريباً. لمدة ضجة في عصير الليمون.

e) أضف الفاصوليا والذرة المعلمتين الكيريتين المتبقيتين (30 مل) من عامل معلقة صغيرة متبقية (مج 2) من المكون وقلي من الملح في قدر متوسطة المجحم. يطهى على احترك يخسن لمدة 3 إلى 5 دقائق. من حين لآخر حتى يخسن لمدة 3 إلى 5 دقائق.

f) فصل السلائل من البصل. للتقديم، قسمي السبانخ والكينوا بين الأطباق. ضعي فوقها. البطاطا الحلوة وخليط الفاصوليا السوداء والذرة والبصل الأحمر للخل والفوكادو. صلصة تشيميتشوري يُرش بالبصل الأخضر.

خدمة 4

مكونات:

- 1 كوب (175 جم) كينوا مغسولة
- 2 كوب (470 مل) ماء
- ملح كوشير وفلفل أسود مطحون طازجًا
- $2\frac{1}{2}$ ملعقة كبيرة (37 مل) من الأفوكادو أو زيت الزيتون البكر، مقسمة
- $\frac{1}{4}$ كوب (36 جم) من اللوز المحمص المفروم، بالإضافة إلى المزيد للتزيين
- 4 شرائح سمك سلمون (4 إلى 6 أونصات، 115 إلى 168 جرام).
- 12 حزمة بروكوليني
- 2 حبة بندورة كبيرة مقشرة ومقطعة إلى شرائح رفيعة
- 2 كوب (40 جم) جرجير
- $\frac{3}{4}$ كوب (180 مل) فلفل أحمر مشوي
- صلصة

الاتجاهات:

(a) يُمزج الكينوا مع الماء وقليل من الملح في قدر متوسطة الحجم. يُغلى ثم يُخفض الحرارة على نار خفيفة ويُغطى بدون غطاء حتى ينضج مدة 15 دقيقة تقريبًا.

(b) يُرفع النار عن بطيء ويُغطى بغطاء على الخبار مدة 5 دقائق تقريبًا. يُخفق الكينوا بالشوكة، ثم أضيفي نصف ملعقة كبيرة (7 مل) من زيت الزيتون.

(c) يرفع الفرن على النار (15 سم)، ثم يُوضع مع 6 بوصات دوائية الغلاية على النار.

(d) يرتب السلمون على جانب واحد من صينية الخبز ذات الحواف، والأفوكادو على جانب واحد من صينية الخبز الأخرى. للسمك بفرك بربع ملعقة كبيرة (15 مل) من زيت الزيتون والملح والفلفل. تبلها بالملح والفلفل والملح. أضيفي ما تبقى من ملعقة كبيرة (15 مل) من زيت الزيتون والملح والفلفل.

(e) يُوزّع البروكوليني في طبقة واحدة على الجانبين الآخرين من صينية الخبز. قم بشوي السلمون تحت ينضج ويتقشر بسهولة، مدة 6 إلى 8 دقائق، بحسب سمكه.

(f) للتقديم، قسمي الكينوا بين الأطباق. ضعي فوقها سمك السلمون والبروكوليني والبنجر والجرجير. يُرش بصلصة الفلفل المحمص أحمر ويُرش بالللوز.

مكونات:

- 1 حبة بطاطا حلوة كبيرة، مقشرة ومقطعة إلى دوائر بسمك $\frac{1}{2}$ بوصة (1.3 سم).
- 1 ملعقة كبيرة (15 مل) من الأفوكادو أو زيت الزيتون البكر الممتاز، بالإضافة إلى المزيد من زيت السلمون
- ملح كوشير وفلفل أسود مطحون طازجًا
- 4 شرائح سمك سلمون (4 إلى 6 أونصات، 115 إلى 168 جرام).
- 1 كوب (175 مج) كينوا مغسولة
- 2 كوب (470 مل) ماء
- 2 كوب (140 مج) بازيلاء مجمدة
- توسكان اللفت
- 2 ملعقة صغيرة (10 مل) خل التفاح
- 2 حبة بندورة كبيرة، مقشرة ومقطعة
- 2 ثمرة أفوكادو، مقشرة، منزوعة البذور ومقطعة إلى شرائح رفيعة
- 1 كوب (50 مج) من براعم البازلاء عباد الشمس
- الجوز المحمص
- صلصة الليمون والطحينة

الاتجاهات:

(a) سخني الفرن إلى 425 درجة فهرنهايت (220 درجة مئوية، أو علامة الغاز 7).

(b) اقلبي البطاطا الحلوة مع زيت والفلفل والملح. رتبيها في طبقة واحدة على جانب واحد من صينية الخبز. اخبزيها لمدة 10 دقائق. وشويهما إذا أذات الخبز صينية من ولفصل، أضيفي السلمون إلى صينية دخيل ثيحب يكون الجلد لأسفل. رتبي البطاطس. واقلب الفرن ماكلاب يخضني تحت السلمون بشوي قم بالملح والفلفل. رتبيه بقليل من الزيت، ويهدي بقليل من الزيت وتشقشر بهسولة، لمدة 12 إلى 8 دقيقة بحسب سمكه.

(c) على. يُعد المجحل بقدر متوسطة الحجم من قليل مع ماملا كينوا مع اخلطي الكينوا الأنثاء، هذه في يخضني تحت خفيفة نار على وتركك ويخفض منخفضة درجة إلى الحرارة درجة تخفض ثم يطغي المزيج

لمدة 15 دقيقة تقريباً. يُرفع عن النار ويُضاف الكرنب وخل التفاح ويُغطى بغطاء حتى يتبخر لمدة 5 دقائق تقريباً.

d) للتقديم، قسمي الكينوا واللفت بين الأطباق. ضعي فوقها سمك السلمون والبطاطا الحلوة والبنجر والأفوكادو والبراعم والجوز.

e) رذاذ مع صلصة الليمون والطحينة.

100. طبق دجاج بالكاري الأخضر والكينوا

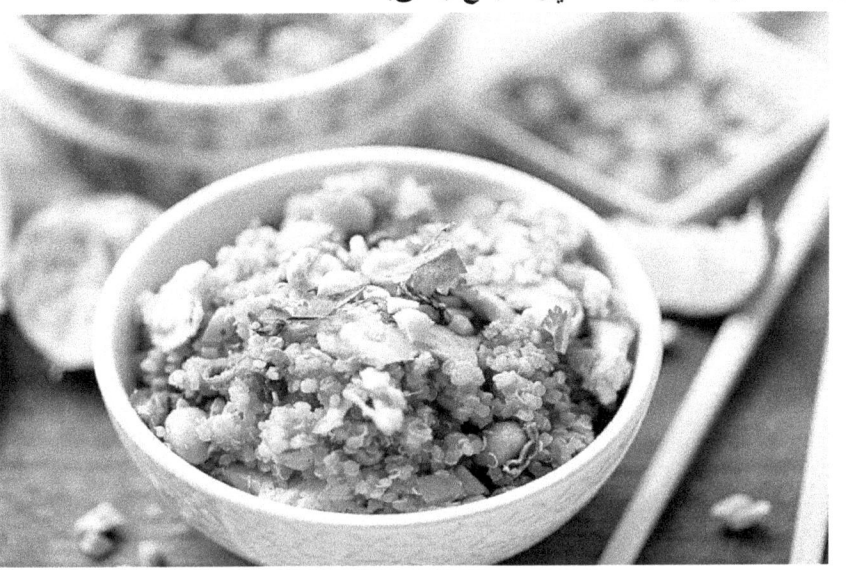

مخدم 4

مكونات:

- 1 كوب (175 مج) كينوا مغسولة
- 2 كوب (470 مل) ماء
- ملح كوشير وفلفل أسود مطحون طازجا
- 2 ملعقة كبيرة (28 مج) زيت زوج نهدل، مقسمة
- 1 رطل (455 مج) من صدور الدجاج الخالية من العظم والجلد، مقطعة إلى نصف بوصة
- سماكة (1.3 سم)
- 2 فص ثوم، مفروم
- 1½ ملعقة كبيرة (9 مج) زنجبيل طازج مفروم ناعما
- 2 ملعقة كبيرة (30 مج) معجون كاري أندي يدلاياتي أخضر
- 2 حبة طماطم حلوة متوسطة الحجم، مقشرة ومقطعة إلى مكعبات بحجم 1 بوصة (2.5 سم).
- 1 علبة (14 أونصة أو 392 مج) من حليب جوز الهند غير المحلى
- 1½ كوب (355 مل) مرق خضار أو دجاج
- 1 ليمونة، مقشرة، ثم مقطعة إلى شرائح
- 2 ملعقة صغيرة (10 مل) تمرايي
- 3 أكواب (210 مج) سلق مقطع
- 1 حبة فلفل أحمر، مقشرة ومقطعة إلى شرائح رفيعة
- 1 كوب (70 مج) ملفوف أحمر مقطع
- أوراق الكزبرة الطازجة
- أوراق الريحان التايلاندية الطازجة

الاتجاهات:

256

(a) يُمزج الكينوا مع الماء وقليل من الملح في قدر متوسطة الحجم. يُغلى ثم يُخفض المزيج على درجة الحرارة إلى مجرد درجة منخفضة ويُترك على نار خفيفة تحت غطاء لمدة 15 دقيقة ويُترك، ثم يُطهى على البخار لمدة 5 دقائق تقريبًا. يُرفع عن النار، ويُترك جانبًا. يُغطى ويُترك جانبًا تقريبًا.

(b) في هذه الأثناء، سخّني مقلاة كبيرة (14 مج) من زيت جوز الهند في فرن هولندي على نار متوسطة إلى عالية. يُثبّت الدجاج بالملح والفلفل رشًا على كل جانبين. يُضاف الدجاج إلى المقلاة ويُطهى دون إزعاج لمدة 4 إلى 5 دقائق حتى يصبح لونه بنيًا في القاع أينما جيدًا.

(c) اقلب الدجاج حتى يصبح لونه بنيًا جيدًا، لمدة 4 إلى 5 دقائق أخرى. انقل الدجاج إلى صحن وقطّعيه إلى شرائح حتى واحدة مرة قطعة مرة جزائرها ثم بيد بربد كما يكفي للتعامل معه.

(d) سخّني مقعلة كبيرة متبقية (14 مج) من زيت جوز الهند في نفس الوعاء على نار متوسطة. أضيفي الثوم والزنجبيل، ويُطهى حتى تفوح رائحته، لمدة 30 ثانية. أضيفي الكاراي معجون وطهي لمدة واحدة دقيقة تقريبًا لطول.

(e) أضيفي البطاطس والحلوة وحليب جوز الهند والمرق وقشر ورش الليمون الحامض بالملح. يُغلى ثم يُخفض درجة الحرارة إلى درجة منخفضة ويُترك على نار خفيفة تحت غطاء حتى تنضج البطاطا الحلوة لمدة 20 إلى 15 دقيقة. يُرفع عن النار ويُضاف الطماطري.

(f) للتقديم، اسكبي الكينوا والسلق بين الأطباق. أضيفي الدجاج والفلفل الأحمر والملفوف والبطاطا الحلوة.

(g) تُكسب الكاراي صلصة فوقها وتُزيّن بالأعشاب الطازجة وعصير الليمون الحامض.

257

خاتمة

قد زاد مجد أحدث دون الكينوا بشكل كبير على مر السنين، ويرجع ذلك جزئيًا إلى الضجيج، قد زاد الأعزء بسبب الفوائد الصحية المعتبرة بهذا المتسبب بالبذور. ويقدر حرص أولئك في نغني الحبوب الزائفة بالغذائيات لتقليل مخاطر عدد من الأمراض، وتوفير فيدل مثالي غني بالبروتين للنظمة الغذائية الخالية من الغلوتين.

تعتبر الحبوب الكاملة مثل الكينوا وقائيتها أنواع معينة من السرطان بسبب اهتمامها العالية من في وجودة الموجودة الغذائية فالألياف إلى أن الألياف الغذائية مجلة نشرتها التي الدراسات إحدى تشير الألياف. الحبوب الكاملة قد تساعد في خفض مستويات الكولسترول الضار (LDL) أو "الضار"، وتعزيز حصة الجهاز الهضمي، وربما تقلل من خطر الإصابة ببعض أنواع سرطانات الجهاز الهضمي، مثل سرطان القولون.

258

Milton Keynes UK
Ingram Content Group UK Ltd.
UKHW020802181023
430769UK00014B/541

9 781835 645512